辩论的语言

周文静◉编著

中国纺织出版社有限公司

内 容 提 要

很多人都知道如何暂时避免争辩，仿佛这样就能维持表面的和平。现实却告诉我们，每个人每时每刻都有可能被卷入辩论的漩涡中，所以最重要的不是逃避辩论，而是直面辩论。

本书从语言表达的角度对辩论进行了阐述，结合心理学知识，讲述了在不同类型的辩论中，如何根据辩论的场景、目的、对象赢得辩论。本书不但介绍了口头辩论，也阐述了很多书面类型的辩论，使读者从广义的角度上认知辩论、学习辩论，提升辩论的能力和水平。

图书在版编目（CIP）数据

辩论的语言 / 周文静编著. -- 北京：中国纺织出版社有限公司，2024.7
ISBN 978-7-5229-1644-6

Ⅰ．①辩⋯　Ⅱ．①周⋯　Ⅲ．①辩论—语言艺术　Ⅳ．①H019

中国国家版本馆CIP数据核字（2024）第070187号

责任编辑：柳华君　　责任校对：高　涵　　责任印制：储志伟

中国纺织出版社有限公司出版发行
地址：北京市朝阳区百子湾东里A407号楼　邮政编码：100124
销售电话：010—67004422　传真：010—87155801
http://www.c-textilep.com
中国纺织出版社天猫旗舰店
官方微博 http://weibo.com/2119887771
天津千鹤文化传播有限公司印刷　各地新华书店经销
2024年7月第1版第1次印刷
开本：880×1230　1/32　印张：6.25
字数：102千字　定价：49.80元

凡购本书，如有缺页、倒页、脱页，由本社图书营销中心调换

前言

古人云："一人之辩，重于九鼎之宝；三寸之舌，强于百万之师。"仅从这句话就可得知，辩论的作用远超我们的想象。唯有认识到辩论的重要性，我们才能积极地学习辩论；唯有发挥辩论的强大作用，我们才能成为辩论高手。

辩论，从本质上来说是对抗的过程，终极目的在于把自己的思想、观点灌输给对方，或者采取各种语言手段迫使对方放弃他们的错误思想和观点。在日常生活中，辩论在很多领域都有用武之地，而且被频繁地使用。在人际交往中，虽然大多数人都主张要以和为贵，但是却无法完全避免与人辩论的情况发生。

马克思说，我们正是通过争辩才确立了真理。在很多特殊的场合里，我们之所以与人争辩，不是为了逞口舌之强，也不是为了与他人一较高下，而是为了辨明真理。只有以辩论为武器，我们才能揭露谬误，辨明真理，也才能推动重要的事情不断向前发展，使其取得突破性进展。

自从人类学会说话，辩论就一直在进行中。在古希腊，很多伟大的哲学家和思想家经常聚集在一起辩论。例如，古希腊

辩论的语言

哲学家苏格拉底被后人誉为"最善辩的人",正是因为他很善于说话,也很善于表达。尤其是他突出主题的技巧,更是无人能及。苏格拉底有很多学生,他最喜欢以辩论的方式与学生们进行问答,也在问答的过程中把自己的思想和见解传递给学生们。从这个意义上来说,苏格拉底还是伟大的教育家,因为他早就认识到不该强行灌输知识和道理给学生们,可以以提问的方式揭露矛盾,启迪学生们进行思考,最终认识到自己的错误。苏格拉底最著名的学生是柏拉图,柏拉图最著名的学生则是亚里士多德。他们一脉相承,都很擅长辩论,堪称雄辩家。

直至今日,在西方国家,辩论依然是参与竞选的重要方式,也是极其重要的政治活动。在美国,作为总统候选人,要想赢得选民的支持,必须擅长以演讲的方式笼络民心,也必须擅长以辩论的方式战胜对手。一旦在辩论中失败,竞选者就很难竞选成功。其实,不仅当代西方以辩论的方式参与竞选,在中国古代,很多先哲就已经积极投身于辩论了。例如,春秋战国时期,百家争鸣就是各位大家积极投身于辩论形成的热烈景象。很多纵横家靠辩论赢得君主的赏识,为自己谋取建功立业的一席之地;很多说客与他人唇枪舌剑,证明自己的观点是正确的,也是值得推崇的。

常言道,理不辩不明,话不辩不透。只有通过辩论,我们才能区别真伪，鉴定差异，也才能有火眼金睛，透过现象看穿本质。也只有通过辩论，我们才能验证是非对错，与他人求同存异，达成一致，又各自保留自己的观点，实现高层次的心灵沟通和思想汇聚。通过辩论，我们原本僵化的思维会变得越来越灵活，也能够随着具体情况的变化进行调整，从而提高逻辑思维能力、语言表达能力和创造创新能力。

编著者

2023 年 11 月

目录

第一章
初识辩论真面目

辩论，学习和理解的工具之一	002
树立好观点，是辩论之根本	004
如何选择最合适的辩论类型	007
进行口头辩论的准备工作	011
未雨绸缪应对挑衅性问题	016
人人都不可不知的中心论点	021
戒骄戒躁，认真严谨辩论	024
辩论，实现目标的助推器	027
消除紧张情绪，从容展开辩论	031

第二章
逻辑严密，才能在唇枪舌剑中胜出

构建无懈可击的论证结构	038

辩论的语言

简明扼要地概括观点	041
找出逻辑漏洞，集中火力猛攻	045
以子之矛，攻子之盾	048
摆事实，讲道理	052
学会剥洋葱论证法	057
把握时机，趁势攻击	059

第三章
抢占先机，以进攻代替防守才能占优势

先发制人，抢占先机占优势	066
不为失败找借口，只为成功找办法	071
巧用激将法	077
投其所好，麻痹对方	083
与其被动为客人，不如主动为主人	085
以牙还牙，针锋相对绝不退让	087
以诚感人，以情动人	092

第四章
后发制人,以必不可少的防守才能扭转局势

醉翁之意不在酒,真心实意在话外	098
提炼语言,以表明立场	100
与其以硬碰硬,不如迂回曲折	103
想方设法破解僵局,扭转局势	108
将计就计,顺势而为	111
学会倾听,才能把握机会	112

第五章
发挥幽默,嬉笑怒骂谈笑风生是艺术

幽默,是最高级的智慧	116
听懂话外音,以话动人心	120
幽默与风趣,必须兼得	125
学会模糊表达,发挥语言艺术	126
以含蓄的方式表达幽默	131
谈笑风生间,消除他人疑虑	133
迂回曲折抵达正题	135
学会自黑,才能化解尴尬	137

 辩论的语言

第六章
临场迎战，随机应变、机智活泼是关键

辩论瞬息万变，以辩应变	144
问句，是辩论的绝密武器	146
把话说得好听	148
乘胜追击，百战不殆	154
不动声色，不露痕迹摄人心	157

第七章
避开误区，让辩论消除阻碍步步为营

辩论切勿过于简单	162
不要带有偏见	165
循环论证的奥秘	167

第八章
辩论口才，助力你彰显与众不同的魅力

把握新主题，融入新背景	172
辩论要出其不意，攻其不备	175
思辨，是辩论不可缺少的精神	179

| 重视他人未曾说的 | 181 |
| 切勿进行人身攻击 | 184 |

参考文献　188

第一章
初识辩论真面目

　　人际交往中，难免会发生争辩。虽然很多人都已经学会了如何置身事外，但是依然有必须面临争辩的困境。更糟糕的是，我们还坚定不移地支持某种愚蠢的观点或者论调。由此可见，最重要的不是避免争辩，而是提升争辩的能力，掌握争辩的技能，从而坚持自己的观点，进而说服他人。

> 辩论的语言

辩论，学习和理解的工具之一

在学习的过程中，很多人都发现学术争论是不可避免的，它能够帮助人们学习很多新知识，也能帮助人们加深对知识的理解。从本质上来说，学术争论是一种智力交锋，是以共享知识、收集各种事实和不同主张为基础的交换。学术争论理应是永无止境的，也应是没有定论，且一直向前发展的。这完全不同于人们对学术辩论的固有观念，即争论的目的在于战胜对手，争论者都是唯我独尊的。

换一个角度来看，所谓辩论，是调动各种技能坚持学习、倾听和沟通的过程。它首先是一种代表学习态度和人生追求的意愿，其次是一种非常重要的参与形式。大多数人之所以参与辩论，是因为他们坚信事情本来的样子，也认为自己很有必要为了揭示真相而做出努力。从这个意义上来说，大多数人都只针对自己关心和代表的事物进行辩论，因此，我们很有必要数次扪心自问：真相究竟是怎样的，什么才是真正重要的。毋庸置疑，这些问题的答案未必都使人愉快，有些问题的答案带有很强烈的迷糊性，例如不知道、不确定、不明朗等。

我们还需要认识到的一点是，辩论并非只是可转化的技能，它与时间管理和计算机操作技能一样都可以划分不同等级，它包含一切高水平教育形式的重点属性。辩论是达成既定目标的助推器。实际上，在各行各业中，从业人员都要能够构建合理且说服力强的论点。很多自信的人都被带有挑衅性的辩论模式吸引，这是因为和以合理的理由承认对方的论据或者观点相比，一场争论是更具有说服力的。

在沟通的过程中，我们往往需要思考某个论点的质量，以及该论点表现的形式，具备的局限性和完整性。唯有全面地思考，全力以赴地投入辩论之中，我们才能实现近期目标，并且以充足的信心和完整的知识表述开展人际沟通。对于任何人而言，不管在社会生活中扮演什么角色、处于什么地位、从事什么工作，都很有必要以辩论的形式参与学习，加深理解。可以说，一个擅长辩论的人在学习、生活和工作中的表现总不至于太差，正如一个人爱笑的人常常拥有好运气。在现实生活中，辩论无时无处不在，为了减少辩论的戾气，我们要做的不是争输赢，而是牢记争辩的初心。

树立好观点，是辩论之根本

辩论的第一步，就是树立观点，即立论。面对这至关重要的步骤，很多人都感到紧张慌乱，甚至头脑中一片空白，笔记本和屏幕上也一片空白。即便如此，我们依然需要提出论点，否则辩论就无法开展下去。我们必须告诉自己，立论并不像想象中那么困难，对于所有人而言都是如此；立论也远远不如我们想象中那么神秘，其实就是提出并且树立观点而已。现实告诉我们，每个人都能提出且确立观点。在老师的指导下，很多学生都开始立论，在此过程中，他们必须陈述自己的想法，也必须对正在进行的辩论发表见解和看法，与此同时还要呈现他们具备相应的能力参加辩论。毫无疑问，哪怕心里没有诗和远方，哪怕内心深处没有厚重的情感，只要我们非常努力深入地思考，我们也能提出有力的论点。

然而，大多数人并不能凭着灵感就提出好的观点，他们必须尽早开始起草论点，也反复修正论点，才能最终形成好的论点。在思考的过程中，我们时而感到思路如同被注入水泥一样沉重死板，时而迸发出各种奇思妙想。这个时候，我们一定要赶紧拿起笔进行记录。俗话说，好记性不如烂笔头。在灵感迸发时，如果不能及时记忆，哪怕当时认为印象深刻，也会很快完全忘记。因为思维混乱，我们无须记得特别工整，哪怕涂鸦也没关系。最终，那些起初看上去特别愚蠢、肤浅甚至是苍白、幼稚的想法，也许会得出让人喜出望外的惊人成果。

那么，究竟怎样的观点才算是好的观点呢？如果没有好的观点，论证就会很乏力。很多人误以为论证乏力是因为事实不够准确或者逻辑错误，其实不然，正是那些更为基础的东西，从最初就开始导致论证乏力。在职场上，有些人可能会被质问，这篇计划书为何没有针对很多切实存在的问题进行论证？那么，什么是实质性的论证呢？

通常情况下，实质性论证指的是针对某个领域的某些观点形成争论，或者是针对你应该关注的领域的某些观点形成争论。在职场上，很多人都会被固有的思想、观点限制和束缚，于是一叶障目，不见泰山。因此，对于大多数人而言，最重要的是关注那些此前始终忽视的、轻视的思想和观点，从而获得启发，有所借鉴。事实告诉我们，很多事情都是相通的，哪怕是在其他备受冷落的方面获得启迪，我们也会在面对现有的困境时茅塞顿开。

辩论的语言

实质性的论证还具有精确性和针对性的特点。在论证的过程中，你必须准确清晰地指出你想要解决的问题，才能提升论证的有利性和实用价值。记住，实质性论证绝不是模糊的，更不是含糊其辞的，否则就会呈现出一定的局限性。在学术领域的争论中，和泛泛而谈相比，有局限性的争论反而更加效果显著。这意味着争论者将会使用精确的语言表达自己的观点，因而令人相信他们的观点是非常清晰的，也是具有建设性的。

进行实质性论证，无须特别针对某个纯粹的细节，而是要运用卓有成效的技巧，从而彻底摆脱那些理应交给脚注解决的问题。这就要求论证不能过于抽象化，也不能过于笼统或者过于具体。适度使用一些术语，利用已有的观点进行论证，是非常保险的做法。

还需要注意的是，实质性论证不能只是描述性的，因而我们必须恰到好处地使用事实，既不要过多，也不要过少。需要注意的是，事实要想作为论点使用，就必须构建框架以诠释事实。这是因为事实无法自己为自己辩护，必须经过解释、分析，并且被放置于特定的背景中，否则就是毫无意义的。

总而言之，辩论从来不是一件容易的事情，树立好观点既是辩论的第一步，也是辩论的立足之本。

如何选择最合适的辩论类型

在树立好的观点之后，我们接下来要做的就是选择合适的辩论类型，这样才能证明观点。接下来，我们将会介绍六种辩论类型，以供读者朋友们根据辩论的初衷和目的进行选择。

在辩论中，不同的辩论类型有不同的解释结构，在发展具体理论的过程中，这些结构将被作为框架使用。只有熟悉不同的辩论类型，我们才能有针对性地运用个人材料。面对一个个论证题目，我们首先要选择合适的论证形式。尽管不同的辩论类型有不同的局限性，但是每一种辩论类型都有助于提出论点，与此同时，还能强化辩论的盲点和界限。记住，没有任何一种论证形式是全知的或者是全景式的。不管多么好的观点和理论，都必须配合合适的材料，才能产生令人满意的作用。

毋庸置疑，每个人只要愿意都能掌握辩论的相关知识和技巧。但是，这并不意味着辩论能够水到渠成。更高级的辩论形式未必能起到良好的效果，也未必能够产生更复杂或者更有益的论点。与其选用更高级的形式，不如选用更简单的形式，

辩论的语言

因为最简单的形式反而是最可信的，也是效果最显著的。

第一种辩论类型：明确对立面。这是很经典的辩论类型，其中所包含的矛盾、对立和冲突能够给 99% 的评阅人留下深刻的印象。具体来说，就是确定一次事件或者一个过程的对立面，即确定该事件或者该过程不同组成部分间的张力点。因此，我们至少要明确冲突点和冲突的双方。为了保证效果，必须限制分析实质性对立面的数量，以一两个为适宜，而不要尝试处理四五个对立面。

第二种辩论类型：因果关系。阐述两件事情之间的因果关系既可以理解为陈述事实，也可以理解为表达主张，将其视为我们能够深入讨论或者修正的论断。通常情况下，我们应该出于支持证据的目的考虑因果关系的主张，而不要将其视为常识或者显而易见的道理。人们常说，有因才有果，有果必有因。不管是在自然界里，还是在人类社会中，很多事物之间都有因果关系。因而，从因果关系着手开展辩论，是极其有效的。

第三种辩论类型：以假设或者观察开始。当某个人想用事实检验理论，或者想从经验中得出理论时，前者就需要采取演绎的方法，后者则需要采用归纳的方法。简单来说，演绎首先需要提出一个假设或者一个命题，然后运用数据和经验进行验证，得出概括性结论；归纳则首先需要进行观察，在此基础上得出概括性结论。

第四种辩论类型：与词语有关的论证。具体来说，提出与词语有关的论证，需要处理争论中发现的至少一个关键词如何使用。我们先要在数据里找到关键词，该关键词必须满足三个要求，即有问题的、有趣的或者有启迪作用的。有的时候，这很简单。例如在很多政府文件中，很多关键词会被反复使用，如同标语一样特别醒目，人们毫不费力就能识别它们。与这些关键词不同的是，有些关键词则被彻底湮没，但是这并不意味着这些默默无闻的关键词不重要。在确定关键词之后，接下来要分析关键词。分析关键词，必须结合上下文，把关键词放在具体的语境中进行思考。

第五种辩论类型：影响与贡献。这种辩论类型是很简单的，是从因果关系中衍生出来的，得到了广泛使用。然而，也恰恰是因为过于简单，所以无法明确影响与贡献的属性。

第六种辩论类型：对比与背景。一切主题都可以通过对比与背景得以揭示。这两种方式在很多方面都是相同的，都可以采取反面例子支持论证，也都面临相同的问题，即不管是对比和背景的边界，还是边界划分的原因都缺乏特异性。因而，在相似之余，对比与背景各有目标。

从辩论的角度来说，提出论点也是在进行分析，描述事物也是在回答"如何"与"为什么"等问题。分析必须详尽具体，能够用一句话进行概括，并且要反复推销，以求精简。唯有如此，我们才能把观点清楚地传达给读者。此外，还要注意表述的完整性、连贯性。

进行口头辩论的准备工作

很多人在公开场合发表演讲毫不怯场，但是，勇气并没有帮助他们提升演讲的质量。当他们面带微笑，对着公众说出很多废话时，他们压根不知道公众内心多么反感。不得不说，毫不怯场，对于演讲者而言是一个很有利的条件，也是一个巨大的优势。

对于普通人而言，面对当众演讲，如果能够做到不害怕，就已经是很大的进步了。从害怕到不害怕，这一切都是实践的结果，也是控制个人材料的结果。在这里，我们重点阐述的不是实践，而是要教会大家如何控制个人材料。

面对口头陈述，很多人之所以感到恐惧慌乱，是因为不相信自己能凭着能力胜任这个艰巨的任务，因而必然感到害怕无助。为此，他们陷入了极度的焦虑之中，无法控制自己的情绪，也无法掌控事态的发展。要想克服因此而生的恐惧和焦虑很容易，那就是进行充分的论证准备，保证陈述的结构是合理的，并且提前准备好图像资料，为演讲和辩论提供支持。俗话

辩论的语言

说，万事俱备，只欠东风。当我们做好充足的准备，只等着上台展示风采时，我们就不会再忐忑不安，心惊胆战。

无论是当众演讲，还是口头辩论，归根结底都要进行口头陈述。在进行口头陈述时，一则要做好充分的准备工作，二则要保证结构完整。作为辩论者，我们要坦诚面对现实的状况，提供一个好的论点。这个论点应该是经过逻辑严密的思考得出来的，要中肯且富有洞察力，这样才能起到入木三分的作用和效果。

那么，口头陈述与书面表达有何不同呢？毫无疑问，从结构、内容和演示技巧等方面看，口头陈述是更加简单的，也容易被普通的观众听懂。而书面表达则倾向于书面化，会使用更多的书面语。这不仅是口头陈述与书面表达的区别，也是听与读之间的区别。在阅读时，我们完全可以遵照自己喜欢的方式，按照自己的节奏。哪怕阅读中途遇到某些晦涩难懂的内容，也可以回过头来仔细看，认真琢磨，从而弄懂弄通。整个过程无论花费多长时间都没关系，只要实现最终的目的即可。但是，听他人辩论则没有这么随性自由。在进行辩论时，他人不会因为我们有所疑问而放缓节奏，甚至完全中止，而是会继续向前推进。即使有不懂的地方，我们也只能等到他人辩论结束后再独自思考，或者请教其他听众。当然，如果条件允许，还可以请教辩论者本人。从时间的角度来说，听他人辩论与阅读书面文字相比，是更加紧张局促的。在听演讲时，很多听众也许会因为感到兴致索然而离开，也许是在演讲结束时全然忘记了演讲开头的内容，相当一部分听众都记不起演讲者的名字，也不能回忆起演讲的主题。这种情况屡见不鲜。

进行口头陈述，一定要留出充足的时间，进行详尽充分的准备。只有提前几天开始准备，陈述者才能提升信心，更有力度地掌控材料。对于口头陈述而言，简单和清晰是成功的必备要素，因而在准备的过程中，陈述者就应该先致力于消除歧义，厘清关系。

仅以提前两天准备为例。第一天，要确定论点，以一句简短有力的话概述论点。最好减少使用暗示语，否则听众一时之间反应不过来，就会感到迷惘和困惑。要适度使用夸张的表达方式，从而对听众产生吸引力，让观众继续留下来听完整场演讲。

为了让演讲更有条理，可以把演讲的内容划分为两到四个部分，即使演讲很长，也最多划分为五个部分。一旦超过这个界限，演讲就会因为部分众多而失去秩序感，变得混乱。

在第一天，还要对此前搜集的材料进行整理。例如，摘取这些材料不同部分的关键要点或者句子，对于特别重要的基本观点，可以在开头和中间部分进行重复，以起到强调的作用，帮助听众加深印象。在此过程中，还需要罗列事实材料，要以最具启发性和最具代表性为原则。

为了让整个口头陈述一目了然，可以借助于PPT展示主要内容。需要注意的是，PPT的制作要新颖有趣，切勿盲目堆砌不同的观点和事例，否则就不能起到提纲挈领的作用。

在做好上述准备工作之后，哪怕第一天已经很晚了，我们也要大声朗读演讲内容。在演讲的过程中，要做好计时工作，也要清晰地表达，重点强调关键词语和句子。不要因为使用PPT而使演讲严重超时，否则听众就会烦躁不安。当发现演讲的时间远远少于预计时间时，不妨调整使用PPT的时间，以起到充实的作用。至此，我们就结束了第一天的准备工作。

经过一整夜的休养生息，次日，我们要开始练习演讲。第二天的练习最好能够找到观众，观众可以是家人，也可以是朋友，还可以是其他人。在面对观众的练习中，我们要使用PPT作为提示，在关键段落之间进行停顿。需要注意的是，这一步需要认真练习，至少进行两三次，而且每次练习都必须是完整的，这样才能获得掌控感，也收获自信心。

有些演讲或者口头辩论结束后有提问环节，那么还要针对提问环节有可能被问到的问题做好准备。通常情况下，最明显的问题和最难的问题都是不能忽略的。在回答问题的过程中，要对听众坦诚，还要与听众进行眼神交流。

总之，不管进行哪种类型的当众辩论，我们都可以遵循上述的步骤充分准备，也才能在准备充分的情况下享受整个过程。如果还是感到有些紧张，不妨采取朗读的方式完成，或者还可以使用提示词，减轻自己的记忆压力。此外，如果陈述的内容是比较专业的，或者是比较难懂的，那么还可以提前准备文字资料分发给现场的听众作为参考。

辩论的语言

未雨绸缪应对挑衅性问题

在公开辩论中，虽然被问及挑衅性问题的可能性不大，但是我们依然要做好充分的准备，才能以防万一。一则是因为做好相关工作是准备的一部分，二则是因为有些人崇尚角斗士式的辩论文化，这就要求辩论者要表现出战斗的姿态，站出来应战。

那么，哪些问题可以被归入挑衅性问题之列呢？第一类是谩骂；第二类是反驳。一般情况下，谩骂是以偏见为基础的。很多人都有可能攻击你，原因可能是你持有显而易见的观点，也有可能是因为你的性别和年龄，甚至因为你的性取向。为此，他们在评价你的观点时，会使用很多侮辱性的词汇。在这样的情况下，你必须识破对方的用意，指明对方的表达不合时宜，这样才能再次掌控全局。记住，假装没听到或者没听清对方的话，只会让对方变本加厉。在这么做的过程中，一定要保持冷静，告诉对方争论与谩骂的区别。你无须反击对方，否则就有狗咬狗的嫌疑。你只有保持理性，才能无形中战胜对方。在此过程中，如果你谴责对方以谩骂的形式与你辩论，那么你就会陷入其中，自相矛盾，这显然是很糟糕的。

当对方质疑你所陈述的事实时，你一定要保持微笑，克制对待。对于挑衅者正确的观点，我们当然要大度地表示支持和赞同。对于挑衅者错误的观点，我们则可以宽容地指出对方的错误所在。如果一时之间无法判定对方是正确的还是错误的，那么我们则可以采取缓兵之计，表示自己需要时间思考。仅从表面来看，以这样的方式回复也许会使对方误以为我们在示弱，其实，这远远比表现得以自我为中心且冥顽不化更好。毕竟在辩论中，每个人都有可能需要做出让步，每个人都不可能预先知道所有的情况。与其在主要问题上被动让步，不如在次要问题上主动让步。

事实告诉我们，很多人尽管都担心自己会遇到无法应对的问题，但是却很少发生这样的情况。即使在提问环节，大家提出的也基本都是常见的无聊问题。对于这些问题，我们回答的侧重点在于风趣幽默，从而给听众留下好印象。既然这些问题无关紧要，我们当然无须刻板地回答。

具体来说，我们要掌握以下技巧，以应对挑衅性问题。

第一点，认可观众的某些观点或者陈述。面对观众提出的挑衅性问题，与其与观众针锋相对，当即反驳观众，不如使用打太极的手法,引导观众改变袭击的力道和方向,这样就能达到双赢的目的。遗憾的是,面对他人居心叵测的攻击,很多人的本能反应就是不假思索地反击,这往往会彻底惹恼观众,因为观众与提问者是同盟军。引导观众一定要优雅,例如不卑不亢地说:"这个问题很重要,很感谢你提出这个问题。"这样一句话就足以表现出对提问者的认可,也能赢得观众的好感和支持。

第二点,调整身体姿态,不要与观众对立。即使作为演讲者,也不要与提问者处于对立姿态,否则就会让现场的气氛变得紧张且压抑。例如,演讲者不要调整身体姿态以正面面对提问者,更不要瞪大眼睛盯着提问者,这些行为都会释放出不友好的信号,还会切断演讲者与其他观众之间和谐融洽的关系。最好先认可提问者,然后调整身体和视线,面向提问者所在的那个方阵的观众,这样既分散了给予提问者的关注,也避免了故意忽视提问者。这样一来,演讲者既能保护自己的尊严,也能保护提问者和听众的尊严。

第三点,回答问题时,不要嵌入负面问题。这是因为演讲者一旦运用语言表达某些内容,就会唤起包括提问者在内的观众相关的思维模式。举例而言,父母提醒孩子"不要哭",孩子很可能因此只想到哭,而想不起来还可以做出其他反应。

所以回答问题时不要嵌入负面问题，而是要尽量正面回答。因而，面对对方的质问"这个项目为何耗费那么多资金"，应该回答"这个项目本着经济原则，尽量缩减不必要的开支……"而切勿回答"这个项目耗资巨大是因为……"当采取后一种回答方式时，则意味着回答者已经接受了负面的前提，所以反而会导致观众的不良印象加剧。

第四点，重新构建问题。要确定隐藏在问题背后的关键所在，这样才能将问题提升到更高层次。依然以上文耗费资金量大为例子，在回答时可以重新构建问题，告诉对方"这项工程的重点是抓质量……"或者"这项工程的关键在于赶工期……"需要注意的是，重新构建问题的目的在于带着讨论回到正轨上，避免进行个人攻击，而非逃避问题。这样既能保护提问者的感情，也能回答问题。

第五点，预防陷阱式提问。面对陷阱式提问，首先，不要重复负面问题；其次，要重新构建问题，坚持正面陈述，达到纠正错误的目的；最后，和善而又坚定地拒绝回答问题。

第六点，坚持实话实说。回答问题时，切勿因为一时紧张或者慌乱而撒谎，正如人们常说的，一个谎言需要用一百个谎言去圆。因而，不管在什么情况下，实话实说都是最好的选择，哪怕承认自己不知道答案，无法做出回答，也远远比欲盖弥彰更好。

第七点,再次重申观点。对于自己最初提出的观点,在回答相关的问题时,不妨运用重复的技巧,进行重申和强调。这样一来,既能回答问题,又能强化观点,可谓一举两得。

人人都不可不知的中心论点

在以团队形式进行辩论时，对于中心论点，人人都要烂熟于心，也要时刻铭记。在以小组为单位进行辩论时，尤其要构建结构，也要做好准备工作。在准备陈述的观点和内容时，要把相关的工作分配给所有成员。首先，要由一个人负责打响论述的第一炮，承担起开始陈述的重任。第一个人将会提出至关重要的中心论点，并且对陈述的结构进行合理的解释。

此外，还需要有人承担计时员的工作。因为小组陈述讲究的是分工与合作，所以计时员就要承担起记录各个部分陈述所用时间的重任。计时员要站在演讲者能够看到的地方，这样一旦演讲者陈述超时，计时员就可以用不那么明显的动作进行提示，暗示对方尽快结束陈述。需要注意的是，每个演讲部分耗时应该尽量均等，以免出现头重脚轻或者虎头蛇尾的情况。为了保证各部分陈述进展顺利，每个小组成员都要对自己负责陈述的内容做到特别熟悉，而且得完全掌握。例如，在辩论比赛中，正方和反方都有四位辩手，只有在四位辩手密切配合的情况下，才能赢得比赛。如果有人搞个人英雄主义，为了突出表现自己而严重超时，那么留给其他辩手的时间就会大大减少，影响整体辩论的效果。

在小组辩论中，风险在于并非所有组员都能做到全力以赴投入其中。通常情况下，只有提出论点的人是在认真干活的，其他人则在他的带动下被动地配合，甚至不完全了解辩论的主题和内容。这直接导致小组辩论缺乏连贯性，不够流畅，因而暴露出很多弱点。有些小组成员压根不熟悉辩论材料，只会照本宣科，使得陈述既没有力度，也没有精气神，显得萎靡不振。对于这些敷衍了事的小组成员而言，一旦有人向他们提问，他们就无法从容地进行回答，难免会出现各种各样的纰漏。为了避免这种情况发生，所有的小组成员都要深入了解中心论点，也要对陈述的内容了然于胸，熟练记忆。最重要的是，要把握中心论点和陈述内容的关联，这样才能发挥最强的辩论力量。

和个人演讲相比，小组陈述需要准备的时间更长。为了完成整体任务，整个团队中的所有成员既要各自为政，完成各自的任务，也要集合至少四次，才能对整个流程进行练习，确保流程顺畅进行。毫无疑问，和个人演讲者的单打独斗相比，团队陈述欠缺灵活性，因而每个人都要具备职业精神，也要保持高度专注,还要摒弃个人英雄主义,才能达到整体力量大于个体力量之和的目的。

在陈述的过程中,小组成员首先要做好自己该做的事情,还会在完成自己的任务之余密切关注其他组员的表现情况。一旦有组员表现得不够好,或者出现纰漏,其他组员就会心急如焚,甚至还会小声提示他。其实,在现场的陈述中,每个人的精神都是高度紧张的,这种毫无预期的提醒非但帮不上忙,反而有可能扰乱陈述者的思维,使其更加语无伦次,导致事与愿违。为此,所有小组成员都要看着现场的观众,与观众进行眼神交流,而不要彼此对视,更不要互相提醒。

在陈述的过程中,为了避免陈述偏离主题,每个人都要始终牢记中心论点。在任何情况下,中心论点都是陈述的目标和指引,唯有围绕中心论点,陈述才能显得紧凑和周密。有些陈述者是特别有经验的,一旦觉察到自己的陈述偏离了中心论点,他们马上就会用一句话回到中心论点上。

总而言之,小组辩论是一场接力赛,每个人既要跑好自己的这一棒,也要考虑到整体的节奏。从全局来看,即使每个人都表现出最佳水平,也未必能够保证小组陈述获胜;反之,唯有保证小组陈述获胜,每个人才能以集体荣誉为前提,实现最大的个人价值。

戒骄戒躁，认真严谨辩论

对待辩论，很多人都怀着敷衍了事、蒙混过关的态度。当然，这样的人都不会认真阅读本书，以提高辩论的水平。所以，对于已经阅读到本书的读者朋友，我们无须再次强调辩论的重要性。适度的重视当然是好的，过度重视却有可能使辩论者陷入紧张焦虑的情绪中，导致发挥失常。还有些人为了吸引同龄观众的注意，博得同龄观众的好感，因而试图通过自嘲、搞笑等方式破解困局。毫无疑问，以这样的方式是能够达到目的的，也会使同龄的观众群体更愿意听我们辩论。但是，这么做也有极大的弊端，可能会使同龄的观众群体认为，你正在陈述的内容本身并没有用，或者没有那么重要。毫无疑问，一旦产生这样的负面想法，这些方式的价值就大打折扣。当演讲者对自己所阐述的主题或者进行的辩论感到不以为然或者兴致索然时，与其以各种方式伪装，不如彻底颠覆自己的演讲。毋庸置疑，这说明演讲者根本不该在此时出现在演讲的舞台上。

所谓认真对待辩论赛，可以从下面几个方面进行分析和阐述。首先，要端正心态对待辩论的胜负输赢；其次，要尊重辩论对手的人格，不要因为辩论中的唇枪舌剑异常激烈，就攻击对方的人格；再次，很多辩论选手喜欢使用诡辩的技巧，需要区分诡辩与胡搅蛮缠之间的不同；最后，学习辩论的技巧，灵活运用辩论的技巧，避实就虚，以虚驭实。

要想在辩论中获胜，就必须掌握和运用辩论的方法，也要严格遵守辩论的逻辑性。在一切类型的辩论中，逻辑性都是至关重要的，能够让观点稳固，也能够让辩论更富有条理、更加严谨。在辩论的过程中，还要发挥语言的艺术和魅力，让语言生动有趣、机智活泼，从而使辩论富有活力，使参与辩论的选手和观看辩论的观众都兴致盎然。

当然，要想在辩论时取得好成绩，就要在平日生活中注重积累知识。尤其是在提前预知辩论对手是谁的情况下，一定要找出对方的文章和资料进行阅读和学习。如此一来，就能从理论上分析主题、明确主题，也能够丰富和充实辩论的知识。在辩论中，不管出于怎样的目的，都不要使用那些庸俗粗鄙的案例，也不要使用那些有低级趣味的噱头，更不要以情感表达取代理论的争辩，或者故意煽动观众以博取同情，赢得喝彩。这些都是辩论领域会被人诟病的手段，会拉低自身层次。明智的辩论选手虽然想要赢得比赛，却不会无底线地运用这样的方

辩论的语言

式哗众取宠或者侥幸获胜。

毫无疑问,要想赢得辩论比赛,需要运用大量的知识。人们常说,临阵磨枪,不快也光,但这句话显然不适合用于辩论比赛。每一位有实力的辩论选手,都要注重日常积累,积累各个领域的知识,这样才能适应不同的辩论主题。一个辩论选手哪怕热情高涨,发自内心地喜欢辩论,如果没有丰富的知识储备,也无法在辩论比赛中舌战群儒。俗话说,巧妇难为无米之炊。打比方来说,知识就像是一座金字塔,必须有广泛且雄厚的背景,才能做到以词达意,对答如流。在辩论赛的现场,很多选手面对对方的咄咄逼人、气势汹汹,往往愣在原地不知道如何作答,就是因为缺乏深厚的知识为辩论提供素材。

在辩论赛中,技巧多种多样,例如借力打力、移花接木、顺势而为、釜底抽薪、直指要害、巧用矛盾等。只要能灵活机智地运用这些技巧,就能让原本具备的知识发挥更强大的力量。总之,不要把辩论看成是简单的唇枪舌剑,辩论真正的难点在于,辩论选手必须知识渊博、才思敏捷、嗓音雄浑,且具有朗诵的良好水平。需要注意的是,在辩论比赛中,辩论选手的表现是软性的,评判也是软性的,所以辩论选手必须恰到好处地运用各种技巧,才能在辩论比赛中获胜。

第一章　初识辩论真面目

辩论，实现目标的助推器

很多人误认为辩论是专业选手的事情，其实这是对辩论最大的误解。在现代社会生活中，各行各业都需要有辩论的能力。

要想让辩论助力我们实现目标，关键在于构建有说服力且合理的论点。如果论点站不住脚，那么即使辩论选手的说服能力再强，也无法达到预期的目的。正如奥斯卡·王尔德所说的，要避免争论，因为争论都是粗俗的，但是争论却能令人信服。

人是主观动物，这意味着人不管看待什么问题，决策什么事情，都会情不自禁地从主观角度出发思考和解决问题。为此，要想依靠辩论实现目标，立一个好的观点是迈向成功的第一步。如果没有做好第一步，那么不管接下来如何努力，都只会导致南辕北辙。我们不妨以一种极端情况为例，即某个辩论选手提出的观点本身就是错误的，那么他的辩论也就无所依傍。

李刚和王丽新婚不久，就因为一些事情发生矛盾和争执，又因为各不相让，所以他们常常因为谁也不能说服谁，导致接

辩论的语言

连几天都处于冷战的状态。有一次，王丽被李刚气得回了娘家。面对妈妈的询问，虽然王丽不想让妈妈担心，撒谎说自己想家了，但是妈妈依然意识到王丽有些不对劲。在妈妈的追问下，王丽这才生气地说出缘由。原来，李刚想用不多的积蓄贷款买车，王丽则以家离上班的地方很近为由拒绝了李刚。妈妈当然理解王丽的想法，她劝说王丽："你呀，就是被我惯坏了，不管做什么事情都习惯以硬碰硬，都是下命令式的。我告诉你，李刚可不会像我和爸爸这样凡事都顺着你，所以你要讲究策略。夫妻之间难免有分歧，面对不能达成一致的家务琐事，就要展开'辩论'，这样既不伤感情，也能分出胜负输赢，一举两得。"

后来，妈妈还传授给王丽很多辩论的技巧。王丽跃跃欲试，不等李刚接她，就主动回家了。当天晚上，她对李刚提议："关于买车的问题，既然我们谁都不能说服谁，不如事先约定不生气，然后以辩论的结果为准吧。"李刚第一次听说夫妻商议事情还要展开辩论的，感到很好奇，不假思索地答应了王丽的要求，与王丽展开了辩论。

王丽："我反对买车，是因为我们只有几万块钱，一旦贷款买车，每个月就要偿还大概五千元月供。"

李刚："我主张买车，是因为我们目前的收入每个月都能攒下将近一万块钱，买车还贷完全没有压力。"

王丽："我认为考虑事情要长远。买车贷款是有利息的，我们又不是急需要买车，既然每个月都能攒一万元，完全可以等到两年之后攒够了钱再买车，这样不用支付利息。"

李刚："很多国家的人都崇尚超前消费，这样也能提前享受。"

王丽："我们上下班并不需要用车，公共交通就很方便，还能节省养车的钱和停车费。"

李刚："赚钱不就是花的，都攒着有什么意思呢？买车可以自驾游，简直太酷了。"

王丽："那么，你同意三年之后再要孩子吗？"

李刚："为何要等三年再要孩子，你不知道我俩多大了吗？你都快成高龄产妇了。"

王丽："你也知道我快要成高龄产妇了，很多女性妊娠反应严重，很有可能需要请假在家休养，那样我的收入就会大打折扣。一方面是怀孕产子开销增大，另一方面是工作受到影响，收入减少。你告诉我，这种情况下，每个月还五千元还轻松吗？我可不想当苦哈哈的孕妇，如果你坚持买车，我也同意。但是，我要求避孕三年再考虑要孩子的事情。"

李刚（陷入沉思）："我忽略了这个问题，现在，我同意你的想法,先要孩子,以后视情况再买车。"

就这样,王丽成功地说服了李刚。在这个案例中,王丽其实是在欲擒故纵,陈述家里的经济情况,让李刚意识到他们不买车,生活处于小康水平,一旦买车还贷,就会捉襟见肘,尤其是在打算怀孕生子的情况下。可以说,在这轮辩论赛中,王丽完胜。

正是靠着辩论,王丽才能解决与李刚之间关于买车的问题,而且避免了争吵。尽管辩论原本就有针锋相对的意味,但是辩论是完全不同于争吵的。所以当与他人有分歧,又需要达成一致时,我们切勿急赤白脸地否定对方,甚至是攻击对方,而是要发挥辩论的艺术,光明正大地说服对方。

消除紧张情绪，从容展开辩论

面对公开演讲或者辩论，大多数人都会感到紧张，无须因此而否定自己。要知道，哪怕是那些身经百战的歌星在开演唱会时，也有可能因为紧张忘词。为此，他们也会把歌词写在手上以防万一。有些读者朋友很纳闷，为何中央电视台新闻联播的播音员从来不忘词呢？其实，播音员的前面是有大屏幕作为提词器使用的，所以他们在播报的时候才会双眼平视前方，这样既能看到提词器，也能保持端庄的仪态。当然，作为普通的演讲者或者辩论者，未必有这样的便利条件。

当主持人告诉观众接下来轮到你上台演讲，而观众们只发出了稀稀落落的掌声时，你难免感到担忧，生怕自己走上台之后会冷场，也生怕自己无法调动起观众的热情，让现场的气氛变得热烈。但是，你来不及想更多了，你必须当即深吸一口气，抬起下巴，走向讲台。你一边朝着讲台走去，一边用眼角的余光看到台下密密麻麻的观众，也看到无数双眼睛。你产生了如梦似幻的感觉，双腿轻飘飘地继续往前走，空气变得越来越燥热，你忍不住汗流浃背。你觉得自己的嗓子特别干涩，仿佛连咽口水都变得很难，但是，讲台上没有水，你只能以这样的状态硬着头皮开始演讲。

这段文字形象生动地描述了大多数人面临演讲和辩论时的紧张局促状态。紧张，是每个人都会有的情绪，越是需要在众目睽睽之下做一些事情，人们越是会感到紧张。例如，老师第一次登台给学生上课会感到紧张，哪怕是经验丰富的老师如果被各级领导听课也会感到紧张；学生们初次参加辩论会紧张，面对实力比自己强大的对手也会感到紧张。既然紧张不可避免，那么我们就要学习一些技巧应对紧张。

没有亲身体会的人，很难理解当众演讲的恐惧感。不仅普通人会感到恐惧，就连那些著名的演讲家、伟大的政治领袖，都曾经因为当众演讲而出糗。作为美国大名鼎鼎的小说家，马克·吐温第一次公开演讲时，感觉自己的嘴巴里仿佛塞满了棉花无法发声，而且脉搏剧烈地跳动，仿佛正在进行百米冲刺。英国前首相丘吉尔是举世闻名的演讲家，曾经公开进行过很多次演讲，其中有些演讲鼓舞人心，令人振奋。没有人知道，在最初走上演讲台时，丘吉尔紧张到脸色发白，浑身颤抖，甚至被观众轰下讲台。后来，通过坚持练习，丘吉尔的演讲能力得到提升，但是每次演讲，他依然感觉自己的胃部仿佛有一块冰，令他浑身发冷。众所周知，在印度，很多人都特别崇拜甘地，还尊称甘地为"圣雄"。然而，甘地第一次演讲时全程都低着头，因为他压根不敢抬起头来看向观众。

在美国，有调查机构随机访问了三千多人，询问他们最害怕什么，结果他们之中的大多数人都给出了相同的答案，即最害怕当众讲话。还有调查机构随机访问了学生，超过八成的学生都表示最初上课最害怕上台演讲。看到这里，也许有些读者朋友会感到好奇：既然普通人都害怕当众演讲，那么那些特意报名参加演说课程的人，一定是发自内心热爱演讲或者辩论的吧？答案是：否。事实证明，在这些学员中，大多数人并非因为热爱演讲或者辩论才报名参加相关课程，而恰恰是因为自知不具备当众演讲的能力，也感受到发自内心的恐惧，所以才认为自己需要接受专业课程的训练，以提升演讲或者辩论的能力。这些人勇气可嘉，明知山有虎，偏向虎山行。

从上文不难得知，很多伟大人物都害怕当众演讲，既然如此，我们作为普通人害怕当众演讲也就不足为奇了。我们要勇敢地面对无法逃避的恐惧，也要发自内心接纳恐惧的存在。

只有消除紧张情绪，战胜内心恐惧，才能做到从容辩论。具体来说，要做到以下几点。

首先，修炼强大的内心，不要担心因为表现欠佳而被嘲笑、讽刺。大多数人都特别爱面子，最担心丢脸，其实一旦想明白人生中每个人都有可能丢脸，就不会再对丢脸耿耿于怀了。

其次，坦白紧张和恐惧，而不要试图掩饰，导致欲盖弥彰。与其以各种拙劣的手段掩饰紧张和恐惧，不如坦然告诉台下的观众们自己的状态，这样反而能赢得观众们的宽容和理解，也得到观众们的善待。

沈从文首次登上讲台时特别紧张，只用了十分钟就讲完了整堂课的内容，只好尴尬地面对台下的同学们，而不知道该说些什么。后来，他灵机一动在黑板上写下一行字，大概意思是自己第一次登上讲台，面对同学们很害怕。同学们都发出善意的笑声，这极大地缓解了沈从文的紧张。随着登上讲台的次数越来越多，沈从文成为了受学生们欢迎的好老师。

再次，一边深呼吸以调整气息，一边坚持进行积极的自我暗示。从心理学的角度来说，积极的自我暗示能够起到良好的效果，帮助演讲者缓解紧张和恐惧。既可以告诉自己已经进行了充分的准备，无须感到紧张，也可以告诉自己台下的观众们都是专业领域的小白，不足为惧。

最后，当已经站在台上，面对黑压压的观众，却依然感到紧张时，可以采取注意力转移法。例如专注地思考演讲的内容，而不要盯着密密麻麻的观众；如果看到表情严肃的观众会加剧紧张,那么可以看看那些面带微笑的观众缓解紧张;还可以利用演讲开始前的时间环顾场地周围的环境,以熟悉场地,或者与前排的观众进行简单的互动,这样还可以在演讲中得到他们的积极呼应等。

第二章
逻辑严密,才能在唇枪舌剑中胜出

对于辩论而言,严密的逻辑是必不可少的,这样才能防御对方的进攻,且看准时机展开攻击。如果逻辑上有显而易见的漏洞,那么就会被对方抓住漏洞,趁势追击,自然会处于劣势。

构建无懈可击的论证结构

当辩论的准备工作已经进展到这个阶段,你的论点一定是趋于完美、看起来特别珍贵、无须再进行任何修改的。接下来,你必须找到某种方式对论点做出解释,这样才能帮助观众迅速理解。在众多观众中,有些观众漫不经心,态度敷衍,左耳朵听右耳朵冒,对你陈述和强调的一切都全然忘记了。因此,早在准备辩论内容时,你就要学着阅读自己的文字材料,并且能够以怀疑者的眼光审视自己的文字材料,对自己的文字材料吹毛求疵。在准备辩论文字材料的过程中,你应该始终坚持一丝不苟的态度,绝不能容忍任何瑕疵和不完美的存在。尤其是在组织论证和构建结构的过程中,质疑精神是不可或缺的,也是至关重要的。

论证结构必须清晰明了。在日常生活中,人人都可能被卷入争论之中,也许是在与家人闲聊的时候,也许是在试图说服同事的时候,也许只是对着某件物品默不作声或者大喊大叫的时候。这是特别普通的日常生活际遇,其中,很多事情都是随机发生的,也是无意识发生的,还有可能是不假思索发生的。因此,它们看似毫无征兆地出现,却很符合当时的情况和境遇。相比起日常生活的随机性和偶然性,学术争论则完全不同。换言之,学术争论是在充分准备的情况下发生的。在学术争论中,如果我们能够抓住某个机会提出自己的论点,如果我们有充足的时间确定该论点的结构,那么它看上去必然是经过深思熟虑的,而且是经过煞费苦心地组织的。

图示,无疑是让论证结构清晰明了的捷径,尤其是在传递思想定义的一个阶段,无论是使用箭头、方块图形还是网状图,都能够最大限度简化思想,使其得以鲜明地呈现。为此,我们需要把各种想法进行划分,使它们成为彼此独立的板块,而且容易为读者所理解和接受。此外,我们还要用简单易懂、一目了然的方式表明不同部分之间的联系。有些时候,这种过于简单明了的方式不利于体现细节,但是显然和复杂性相比,连贯性是更加重要的。因而,适度地牺牲复杂性,以保证连贯性是很有必要的。

通常情况下,学者们喜欢使用流程图和网状图。网状图看起来像蜘蛛网,从中心思想开始向外扩散,形成不平衡的树状结构或者网状结构。在最初提出论点的创意阶段,使用网状图是明智的选择。但是,当需要把想法落实到纸面上,使其成为一篇完整的、具有说服力的论文时，运用网状图则会导致各个部分之间失去关联，混乱不堪。在这种情况下，结构更加清楚的流程图是不二之选。

要想构建流程图，首先要明确论证的各个部分，要尽量减少部分数量。在这个步骤中，我们无须对这些部分进行排序，只需要给这些部分配上合适的标题即可。

其次，要把各个部分按照逻辑顺序，用箭头串联起来，使得次序鲜明。一定要坚持逆向法则，这样才更富有逻辑顺序。

再次，要对各个部分的内容进行拆分。在保证每个小节逻辑顺畅的情况下，我们可以对每一个部分进行拆分。在这个阶段，使用更富有包容性的网状图是最佳选择。

最后，在捋清楚不同部分间的关系之后，使用次级箭头表示关系。在这个阶段，每个论证部分之间的关系与此前的形式截然不同，所以一定要关注此前的观点和新的联系。总而言之，在明确论证的四个阶段中，都要坚持列提纲，也要以合适的方式表现出不同部分之间的联系。拥有严密的、无懈可击的论证结构，辩论才能进展顺利，从而获得胜利。

简明扼要地概括观点

在提出论点时,我们要简明扼要地概括观点,最好能够以一句精练的话表达观点。这意味着我们要组织那些用来表达中心思想的词语和短语,并且要以大众能够听懂和接受的方式阐述论点。当辩论进行到这个阶段时,只有简要的记录或只进行概括,已经远远不够。以结构为参照,辩手们要提出一个明确清晰、符合语法规范且表述连贯的论点。对于非纯理论的论文,我们要以一句话阐述经验证据,囊括复杂且重要的内容,使论点有分量且不至于太简单。我们提倡简明扼要地概括论点,是要以明确清晰地阐述论点为前提的。毫无疑问,简练的语言富有力量,足以成为我们的撒手锏,为我们的辩论增加魅力。它还具有表述流畅、容易听懂的特点,这样一来大多数观众都能及时做出回应。由此可见,简明扼要地概述观点,在很大程度上已经决定了辩论能否成功。

在辩论中,各方的重要任务是开篇立论,即以简明扼要的语言阐述己方的观点。当辩论选手以铿锵有力的方式提出观

辩论的语言

点,并且进行初步阐述时,那么就相当于把辩论向前推进了一大步。反之,如果辩论选手含糊其辞、词不达意,就会让观众如坠云雾里,压根不知道他想表达怎样的观点,那么整场辩论必然失败。

战国时期,甘茂满腹经纶、才华横溢,且能言善辩。为此,秦始皇很器重甘茂,让甘茂担任秦国的丞相。甘茂身居高位,一人之下,万人之上,因而招人嫉恨。有一天,甘茂心事重重地回到家,愁容满面,茶饭不思。看到甘茂的样子,家里人都很担心。这个时候,小孙子甘罗走到祖父面前,柔声细语地问:"爷爷,你怎么了,为什么不开心呢?"甘茂非常看重孙子甘罗,因而告诉甘罗:"皇帝听信他人的谗言,开始疏远我,还故意刁难我,让我给他找到会下双黄蛋的公鸡。"

原来,自从秦始皇身患疾病后,那些对甘茂心怀嫉妒的人就绞尽脑汁地在秦始皇面前说甘茂的坏话,而且让秦始皇命令甘茂三天之内找到一只会下双黄蛋的大公鸡。秦始皇病得昏昏沉沉,就连头脑都不清楚了,居然真的命令甘茂按时献上大公鸡。可怜的甘茂去哪里找会下双黄蛋的大公鸡呢?又担心因此牵连家人,因而焦头烂额。看到爷爷忧心忡忡,甘罗当即想到:既然那些人以荒唐刁难祖父,我当然也能以荒唐应对他们。想到这里，他笑着对爷爷说："爷爷，不要担心了，我去帮你向大王交旨。"甘茂不忍心牵连甘罗，因而连声劝阻，在甘罗把计谋告诉甘茂后，甘茂这才连声叫好。

交旨的日子到了，甘罗从容地来到大殿等待拜见秦始皇。秦始皇满心期待，认为甘茂一定能送来会下双黄蛋的公鸡，因而兴致勃勃来到大殿。不想，甘茂根本没来大殿，只有他的孙子甘罗等在大殿。秦始皇愠怒地问："甘茂呢？为何来的是你？"甘罗赶紧向秦始皇行礼，回答道："禀告大王，我的祖父正在家里做一件大事。"秦始皇好奇地问："除了给寡人交旨，他还有什么大事？难道不能交给其他人去做吗？"甘罗故作玄虚地说："禀告大王，这件事情只有祖父能做，其他人做不了。"说完，甘罗停顿片刻，才又说道："我的祖父甘茂正在家里生孩子呢！"

秦始皇勃然大怒，质问道："你的祖父是男人，如何能生出孩子？简直是一派胡言！"只见甘罗不急不躁地回答："禀告大王，既然男人不能生孩子，公鸡又如何能下蛋呢？"秦始皇被问得哑口无言，自知理亏，只好撤回了圣旨。看到甘罗小小年纪临危不惧，机智善变，秦始皇决定拜甘罗为上卿，让甘罗报效国家。

在这个故事中，甘罗之所以能说服秦始皇，其实全凭着一句话——既然男人不能生孩子，公鸡又如何能下蛋呢？仅此一句话，甘罗就说出了自己的观点，从而有力地反驳了秦始皇的圣旨，也揭示了那些居心叵测者的险恶用心。

由此可见，无论是提出自己的论点，还是反驳他人的论点，我们都要当机立断，以一句凝练的话进行反驳。在《奇葩说》的一期节目中，针对"老婆年薪几百万，丈夫是否当全职奶爸"的论点，参与节目辩论的陈铭尽管洋洋洒洒地说出了自己的论点，却被薛兆丰教授一语中的地指出问题。原来，这期节目的论点是老婆年薪几百万，丈夫是否当全职奶爸，但是陈铭却不顾前提条件，一味地陈述丈夫是否当全职奶爸，因而论点的立意不鲜明，而且叙述拖沓烦冗。由此可见，高明的辩论要一语中的，击中要害，要从思维上进行有力的反驳，而不是从语言上进行拖沓的陈述。只有挣脱语言的束缚，我们才能提高沟通的效率，真正驾驭语言。

找出逻辑漏洞，集中火力猛攻

在辩论的过程中，要想扭转局势，战胜对方，就要找出对方辩论的逻辑漏洞，从而集中火力进行猛烈攻击。所谓辩论，就是各方提出论点，然后展开进攻与防守。毫无疑问，没有任何一方的论点是绝对正确的。要想战胜对方，我们需要做的就是洞察对方论点中的破绽，找到对方论点中的荒谬之处，这样就能验证对方的论点是否真实、对方的论据是否能够论证论点、对方的推理和辩论是否完全符合逻辑。如果对方提出的论点是有漏洞的或者是荒谬的，那么我们就要延展对方的荒谬论点，这样就能让原本不易觉察也不甚明显的荒谬论点显现和暴露出来。毫无疑问，这种方法如同放大镜，能够使对方有谬误的方法得到明显呈现。在辩论领域，这种通过放大对方荒谬论点的方式，被叫作归谬法，也叫作引申荒谬辩论术。

具体来说，归谬法就是洞察对方辩论中存在的荒谬点，并不加以反驳，反而扩大该荒谬点的范围，加深该荒谬点的程度，进而运用该荒谬点进行推理，使得该荒谬点如同病态的种

辩论的语言

子一样生长,最终成为畸形的幼苗,毫无遮掩地暴露出荒谬之处。在运用归谬法进行辩论时,首先要选择好进攻点,这直接决定了进攻能否取得成功。首先好的进攻点,就是对方提出的论点中最荒谬之处,抓住最荒谬之处进行突破,就相当于占据了制高点进行强攻。这样才能以荒谬点为理论依据,进行更深更广的推理。最后,以极其荒谬的推理结果,轻松推翻对方的论点。

赫尔岑是俄国大名鼎鼎的作家。有一次,朋友邀请赫尔岑参加音乐会。但是,音乐会才进行不久,赫尔岑就感到大失所望,他暗暗想道:这哪里是音乐,明明就是噪音。为此,他用双手死死地捂住耳朵,开始打瞌睡。看到他的举动,女主人感到很纳闷,询问他是否不懂得欣赏音乐。他直截了当地回答:"这种音乐这么轻佻,压根不值得欣赏。"女主人当即反驳道:"这可是时下最流行的音乐,你怎么能这么说呢!"

面对满脸震惊的女主人,赫尔岑平静地反问道:"流行就是高尚吗?"女主人愤愤不平地说:"这种音乐如果不高尚,又怎么会流行起来呢?"赫尔岑哑然失笑,调侃女主人道:"按照您的推理,感冒也很容易大流行,难道感冒也是高尚的吗?"原本,赫尔岑还不好意思离开现场,在说完这句话之后,他自觉与女主人在欣赏音乐方面没有共同语言，更不能形成共鸣，因而当即告辞回家了。

在这个故事中，女主人辩论的荒谬点即"只有高尚的东西才能流行"。赫尔岑正是抓住了这个逻辑上的漏洞和荒谬点，以"流行性感冒也是高尚的"作为延展的突破口，使女主人的荒谬理论被放大，最终不攻自破。

从某个角度来看，归谬法与以子之矛，攻子之盾有着异曲同工之妙，唯一的区别在于，归谬法是以对方论点中的漏洞和破绽为武器，对对方进行攻击和反驳，所以攻击的力度更大，更能够让对方无法辩驳。

以子之矛，攻子之盾

古时候，有个人既卖长矛，也卖盾牌。集市上人来人往，川流不息，他突发奇想，举起长矛吆喝着："走过路过，不要错过，我的长矛是世界上最锋利的长矛，任何盾牌都无法抵御它的攻击。"他说得口干舌燥，却没有人对长矛感兴趣，为此，他又拿起盾牌，继续卖力吆喝："走过路过，不要错过，我的盾牌是世界上最坚固的盾牌，任何长矛都无法刺穿它。"这个时候，很多人都停下脚步，围在旁边，听他介绍长矛和盾牌。他看到围观的人越来越多，吆喝得更加卖力了，一会儿拿起长矛介绍，一会儿拿起盾牌介绍。这个时候，有人问他："你一会儿说你的长矛是最锋利的，一会儿说你的盾牌是最坚固的。那么请问，如果用你的长矛攻击你的盾牌，结果将会如何呢？"听到围观者的提问，这个人一时之间不知道该如何回答，尴尬极了。

很多人都听过这个"以子之矛，攻子之盾"的故事。在辩论中，运用这个技巧能够让对方陷入自相矛盾的困境中，并且营造幽默的辩论氛围。如果对方并没有如同上述故事中卖矛和盾的人一样导致自相矛盾，那么我们还可以设置陷阱，于不动声色间引导对方说出自相矛盾的话，从而达到赢得辩论的目的。运用这个技巧辩论，关键在于先认可对方的观点，再运用对方的观点进行推理，得出连对方都无法认同的结论。从某种意义上来说，这相当于给对手当头一棒，因而使对手无言以对，瞠目结舌。

在辩论中，"以子之矛，攻子之盾"是特别经典的辩论技巧。只要运用得当，就能引起连锁反应，推导出荒谬的结论。当然，引发连锁反应的前提是严格的因果联系，即一是都是，一非都非。和唇枪舌剑的辩论相比，"以子之矛，攻子之盾"的辩论技巧因为出其不意，所以能够营造幽默的辩论氛围，使辩论如同多米诺骨牌一样迅速推向高潮。运用该技巧，必须把反驳与连锁推理反应紧密结合起来。简而言之，就是运用对方的论点攻击对方，使对方无从反驳。

在古希腊，一场狂风暴雨突然来袭，人们匆匆忙忙地赶回家里，寻求庇护。在疾风骤雨中，一位伟大的思想家和一位满脑金钱的商人一起向前奔跑，想要找到地方避雨。很快，他们先后来到一块巨大的石头下面。

辩论的语言

在等待雨停期间,商人与思想家聊了起来。商人说:"刚才,我就跟在你身后跑着,我看到你的腿都变得轻飘飘的,你一定特别害怕吧。直到现在,你的脸色还是惨白的,你作为思想家怎么能如此胆小呢,这简直太丢脸了。看看我吧,只不过是一场风暴而已,压根没什么可怕的。"

对于商人的嘲笑,思想家不以为然,说道:"我的确很害怕,因为对于整个国家而言,我都是特别重要的。要是我被闪电击中,我们的国家就少了一位伟大的思想家,无数的年轻人就无法得到精神上的指引和帮助。我知道你肯定不害怕,你想吧,咱家国家缺少的是像我这样伟大的思想家,而不缺少像你这样的商人。可以说,走在路上随便遇到十个人,其中未必有一个是思想家,但可能至少有九个商人。像你这样的商人,哪怕死了,对于国家而言也不是损失,很快就会有人接替你的产业,继续赚劳苦大众的钱。"

在这个故事中,伟大的思想家没有为自己辩解,更没有否定自己的确感到害怕。但是,这并不意味着他只能被商人嘲笑和挖苦。思想家很聪明,他以商人的结论为前提,对商人的结论做出了幽默的解释,从而使商人自取其辱。

这样的辩论形式能够转化智慧,机智地从对方荒谬的观点里推导出正确的结论，因而为自己解围，赢得辩论。与此同时，对方却陷入尴尬的境遇中，无地自容。

在现实生活中，面对很多辩论的情境，我们都可以采取"以子之矛，攻子之盾"的方式战胜对方。具体来说，可以分为两种方式。第一种方式侧重于表现幽默，即以纯粹戏谑的方式表达对他人亲密无间的感情，从而引起对方的情感共鸣，当然，也有可能是为了表现自己的聪明才智，让对方被自己佩服得五体投地。第二种方式则侧重于进行智力斗争，表面上采取幽默的方式比究竟谁更聪明，对方会想方设法地占据上风，因而会表现出更强的攻击性，也往往会借此机会嘲笑、挖苦你。

需要注意的是，在第二种方式中，攻击也许是异常凶猛的，但是却以轻松的形式表现出来，作为伪装。在使用这种辩论技巧时，我们明明知道对方是错误的，也绝不要提对方的错误，反而要大力肯定对方的谬论。以此为前提，我们运用对方的谬论攻击对方，使对方面对彻底否定的结果陷入自相矛盾的困境中，无法挣脱，只能无奈地承认自己的失败和错误。

总而言之，"以子之矛，攻子之盾"是辩论中行之有效的反驳手段。这种反驳手段是机智灵活的，以认可对方为前提绕了一大个圈子，最终使用对方的观点作为武器，无情地揭示对方的根本性错误。

摆事实，讲道理

辩论，一定要摆事实，讲道理，而不能只在语言技巧上花费心思。在很多情况下，要想取得更好的辩论效果，就一定要用事实说话。如果对方不认可你的论点或者思想，那么不妨采取实际行动，用事实作为最强有力的论证。人们常说，事实胜于雄辩，正是如此。

然而，现实生活中，很多人特别喜欢争辩，而且针对那些虚无缥缈的道理争论不休，唯独忽略了摆事实是验证道理的最好方式。当语言显得苍白无力时，事实就会呈现出强大的力量。有了事实的论证，那些不为人知的道理就会变得鲜活起来。

小张和小李是同期进入公司的新人，在经过两年多的历练后，小张成了公司里经验丰富的老员工，而且得到提拔，成为基层管理者。小李，则始终在工作上表现平平，在职位上原地踏步。眼看着小张成为自己的领导，小李愤愤不平，去找老

第二章 逻辑严密，才能在唇枪舌剑中胜出

板理论。他生气地质问老板："老板，我和小张一起进入公司，在工作上表现得不相上下。我不明白，为何小张得到提拔，我却还是普通的职员呢？"

面对小李的质问，好脾气的老板只是笑了笑，并没有辩解。他对小李说："小李，你的工作能力的确是有目共睹的。这样吧，我急需得到大闸蟹最近的行情，你帮我去市场上跑一趟吧。"不一会儿，小李就气喘吁吁地跑回来，向老板汇报："老板，最近大闸蟹都上市了，但是没有特别大的，还需要长一长。"老板问："那么，大闸蟹的价格是多少呢？"小李一拍脑门，赶紧折回市场，不久之后又来汇报："老板，二两的母蟹最受欢迎，每只20元。"老板又问："那么，大一些的呢？"小李又要再去市场。为了节省时间，这次他来回打车去的，火速向老板汇报："三两的母蟹每只50元，四两的母蟹每只100元。"老板微笑不语，让人喊来小张。

老板对小张说："小张，你帮我去市场上了解了解大闸蟹的行情。"小张问道："老板，您想购买螃蟹做什么用途？"老板说道："马上要过中秋节了，我想买一些大规格的送给客户，再买一些普通规格的作为中秋节礼物发给全体员工。"小张领命而去，半天都没回来。小李不由得洋洋得意，暗暗想道："小张也就这样吧，工作效率低下，我半天时间都去了三

趟市场了。"正在小李等得着急时，小张回来了，向老板进行汇报："老板，我了解到市场上的大闸蟹还没有大量上市，所以目前价格偏高，要是能再等一个星期左右，价格还能下降大概10%。目前，三两和四两的母蟹价格分别是50元和100元，公蟹价格分别是30元和50元，此外公蟹还有五两的规格，价格是80元。我认为，给客户送礼可以6只四两母蟹和6只半斤公蟹为一个礼盒。我问了供货商，原本应该是1080元，加上每个礼盒40元，一个中秋礼盒价格为1120元。不过，如果咱们能够订购超过10盒，每盒价格可以优惠到1000元。至于给员工的中秋节礼物，可以使用4只二两母蟹和4只四两公蟹，价格是200元，加上每个礼盒20元，一个礼盒价格为220元。不过，如果订购超过30盒，每盒价格可以优惠到200元。对了，如果咱们不着急使用礼盒，也可以一个星期之后订购，那么每个礼盒大概还可以优惠10%。需要注意的是，必须提前两天订购，否则货源紧缺，很可能出现断货的情况。"说着，小张还把几个筛选出来的供货商联系方式给了老板。

老板一边听小张汇报，一边连连点头。等到小张离开，老板对小李说："小李啊，你现在知道自己和小张的差距有多大了吧。对待同样的工作，你半天跑了三趟市场也没搞定，小张去一趟市场就逗留了半天，但是却把所有问题都问得清清楚楚。我们都知道工作要讲效率，所谓效率不单纯指的是速度快，而是指在保证效果的同时提高速度。"小李羞愧地低下头，向老板做出保证："老板，你放心，我一定认真向小张学习，争取进步。"

在这个案例中，面对气势汹汹来理论的小李，老板没有空洞地讲道理，而是当即分派给小李和小张相同的任务，从而让小李通过观察事实，认识到他与小张之间存在巨大的差距。在亲眼见证事实之后，小李所有的愤懑和不满全都消失了，他很清楚自己接下来要做什么。从老板的角度来说，他就这样不动声色地以事实说服了小李。

在和他人进行辩论时，如果事实和道理有利于自己，那么我们就要据理力争，以事实作为最有力的证据说服对方，也证明对方的观点和主张是错误的，从而赢得辩论。反之，如果事实和道理不利于自己，那么我们则要认真思考自己的观点和主张是否正确。一旦意识到自己存在谬论，那么就要调整心态，积极地接受他人的观点。

俗话说，根基不正，其影必斜。无论是与他人展开辩论，还是试图说服他人，面对他人摆出的荒谬论据，我们要以事实作为自己最好的依据，也让事实成为己方论点的坚强后盾。总

辩论的语言

而言之，说服他人必须有理有据，更要坚持摆事实，讲道理，这样才能据理力争，事半功倍。面对确凿无疑的事实，哪怕对方擅长诡辩，也必将对我们无计可施，束手投降。

学会剥洋葱论证法

很多人都曾有过剥洋葱的经历，会发现在剥开洋葱一层又一层的皮之后，洋葱的心才呈现出来。其实，生活中很多经历得到的感悟都是相通的，例如，有人把剥洋葱的方法用于学习知识，有人把剥洋葱的方法用于处理人际关系，还有人把剥洋葱的方法用于辩论之论证。剥洋葱，未必局限于剥洋葱的动作，也不仅限于剥洋葱的经验，而需要借鉴的是剥洋葱层层推进、条分缕析的方式方法。

在辩论中，如果能够运用剥洋葱论证法，把握辩论论点的脉络，遵循循序渐进的原则，一层层地递进，把道理讲述得深刻且透彻，那么说服他人就能水到渠成。

在使用剥洋葱辩证法与他人辩论时，我们首先要明确终极目的。这样才能在剥洋葱的过程中始终紧紧围绕目的，以实现目的为导向，开展每一步工作。记住，不管采取怎样的方式方法，也不管具体的步骤是怎样的，所有的方式方法和步骤都要为实现终极目的服务。因此，对于那些与实现终极目的无关的问题，或者是与实现终极目的关系很小的问题，能不涉及就尽量不要涉及，这样才能避免节外生枝，也才能集中所有的力量为实现终极目的服务。

其次，在运用剥洋葱论证法的过程中，一定要有层次，即坚持循序渐进的原则。在各种类型的辩论中，很多人都特别心急，恨不得当即就把自己的思想和主张灌输给他人，也心急如焚地想在最短的时间内说服他人，这当然很难实现。古人云，欲速则不达。很多情况下，快就是慢，慢就是快。运用剥洋葱论证法，一定要慢，切勿心急。所有的步骤都是有先后顺序的，也是环环相扣的，一旦中间出现脱节，导致不能紧密连接，整个论证过程就会给人留下生搬硬套、牵强附会的糟糕印象。

最后，运用剥洋葱验证法进行辩论时，还要做到感情的铺垫，这样才能水到渠成。

把握时机，趁势攻击

在很多类型的争辩中，人们都会使用因势利导，顺势而为的方法达到目的。这个方法最明显的特点是，要遵循事物发展的规律，深刻透彻地分析问题，这样才能使事物的发展符合逻辑，达到预期。有些争论需要面对大量观众进行，那么在表明观点的时候，不管是支持还是反对，都要留意到现场观众的情绪。必要的情况下，还要充分调动观众的情绪，利用观众的力量赢得辩论。这是因为一旦观众热情高涨，齐声高呼"支持"，那么我们就会给对手造成巨大的精神压力，使对手陷入紧张焦虑的状态，心神涣散，无力反击。

在第一次公演时，萧伯纳的剧作《武器和人》就获得了巨大成功，得到了观众的一致好评。为此，在演出结束后，应观众们的强烈要求，萧伯纳走上舞台，接受祝贺。萧伯纳向观众们鞠躬致谢，观众们爆发出雷鸣般的掌声。这个时候，有个声音突然喊道："萧伯纳，你的剧本糟糕透顶，根本没人愿

辩论的语言

意看!你赶紧停演,滚回家里去吧!"这个声音特别刺耳、尖锐,观众们一时之间忘记了鼓掌,每个人都担心萧伯纳突然被公开侮辱,肯定会气得浑身颤抖,也会声嘶力竭地进行反驳。出乎意料的是,萧伯纳面带微笑,向着声音传来的方向深深鞠躬,说道:"亲爱的朋友,我认同你的意见。只可惜,只有我们两个人是这么想的。"说着,他指了指在场的其他观众,继续说道:"这么多人都不赞同我们的意见,所以我们哪怕有意见也是徒劳。我想,只凭着我们俩,是无法阻止剧本继续演出的,你说呢?"萧伯纳话音刚落,观众们就爆发出热烈的掌声,那个图谋不轨的人赶紧溜走了。

在这个故事中,萧伯纳作为大名鼎鼎的剧作家,在自己的剧作首次公演时受到某个观众的公然诋毁,非但没有与对方纠缠,反而借助观众的力量进行了强有力的反驳。在观众的随声附和、喝彩和热烈的掌声中,他获得了支持和鼓舞,也使对方感受到无形的巨大压力,只能羞愧离场。

萧伯纳正是运用了因势利导辩论法。他没有否定对方的观点,反而肯定了对方的观点,由此一来他就从被动状态转化为主动状态,从而营造出能够说服对方的情境。这使得包括那个观众在内的所有观众,都进入了萧伯纳设置的思维模式中,

第二章　逻辑严密，才能在唇枪舌剑中胜出

跟着萧伯纳的思路走。古今中外，很多伟大人物都时常面临尴尬境遇，他们都很善于运用因势利导的辩论术，也最终获得了成功。

在成为美国总统之前的某段时间里，林肯从事律师职业。他朋友的儿子小阿姆斯特朗因为被指控谋财害命锒铛入狱，并且面临着初步被判定有罪的困境。得知这个消息，林肯作为小阿姆斯特朗的律师去法院查阅了与案件有关的所有资料，并且明确该案件的关键在于原告证人福尔逊。对于这个案件，福尔逊发誓说自己在案发当天夜晚，借着皎洁的月光亲眼看到小阿姆斯特朗击毙了死者。对于福尔逊所阐述的"事实"，林肯强烈要求复审。

正是在复审中的一段对话，揭穿了福尔逊随意编造的谎言。这段对话的内容如下所述。

林肯："你发誓，你亲眼看到是小阿姆斯特朗击毙了死者？"

福尔逊："是的。"

林肯："案发当时，你所认定的小阿姆斯特朗正站在大树底下，而你正躲藏在草垛后面。据现场查证，大树底下距离草垛后面相差二十多米。你确定你真的看清楚那个人是小阿姆斯特朗了吗？"

辩论的语言

福尔逊:"那天晚上月光皎洁,我很确定我看清楚了。"

林肯:"你是否是通过穿衣打扮判断对方身份的?"

福尔逊:"不,我清清楚楚地看到了他的脸,因为月光照在他的脸上。"

林肯:"那么,你能确定你看到对方是在深夜11点吗?"

福尔逊:"确凿无疑,因为我到房间里特意看了挂钟,挂钟显示当时是11点一刻。"

福尔逊话音刚落,林肯就毫不犹豫地转身面向法官,说道:"我很肯定,这个证人是骗子。案发当天是10月18日,正好是上弦月,所以深夜11点时月亮已经下山了,月光如何能照射在被告的脸上呢?哪怕他记错了案发时间,我们不妨假设案发时间提前。即便如此,月光也是从西面照射到东面的,而大树在西边,草垛在东面,可想而知被告的脸正对着草堆,月光不可能照射在被告的脸上。"

林肯的分析合情入理,现场的听众们爆发出热烈的掌声,尤其是那些为小阿姆斯特朗担心的家人们更是爆发出欢呼声。面对林肯逻辑严密的推理,福尔逊目瞪口呆。

在这个案件中,林肯强烈要求复审,就是因为他意识到此前的审判有漏洞。但是,他没有指明漏洞是什么,而是在复审的过程中再次询问福尔逊当时的情况，从而让所有人都从福尔逊的口中得知虚假的"真相"。以此为前提，他再讲述道理引导福尔逊，最终赢得辩论。可以说，在整个过程中，林肯始终小心翼翼，循序渐进地引导局势，以便于自己进行求证，最终才得出福尔逊是骗子的结论。

运用因势利导辩论法，关键是不要一上来就戳穿对方的谎言，也不要开门见山地指出对方错误的观点和言论，而是要先认可对方所说的一切，这样才能消除对方的戒备心理，让对方以配合的态度再次阐述事实，最终指出事实中的漏洞，揭露真相。

有的时候，因势利导能够简化复杂的问题，让人与人之间的沟通更加方便快捷。然而，不管为了实现怎样的目的，因势利导都要沿着对方的思维轨迹向前推导，或者以对方的论点为前提，进行演绎，得出推论。最终，这个显而易见是错误的或者是极其荒谬的结论，必然能够揭露真相，也让对方哑口无言，无以反驳。因而，因势利导法也可以叫作顺水推舟法。运用这个方法的关键在于，因势利导，把握时机，趁势攻击，一招制敌。

第三章
抢占先机，以进攻代替防守才能占优势

　　常言道，机不可失，时不再来。在战场上，只有抓住转瞬即逝的战机，才能一招制敌，一举制胜。辩论恰如激烈的战斗，好时机同样可遇不可求，一旦发现好时机，就要当机立断地抓住。此外，还要善于创造好时机。所谓好时机，就是选择最好的时间节点，在最好的辩论氛围中，针对对方辩手的谬论或者是弱点，开展猛烈的攻击，这样才能获得最好的辩论效果。在必要的情况下，还要先发制人，即在时间上抢先于对手，这样才能趁着对手还没来得及防范的时候，对其展开突然袭击，以磅礴的气势击溃对方，使对方一败千里。

先发制人，抢占先机占优势

在各种类型的辩论中，一定要先发制人，争取占据主动，才有可能实现目的，赢得胜利。常言道，先下手为强，正是这个道理。辩论虽然不是战斗，其激烈程度有时也不亚于战斗，弥漫着无形的硝烟。为此，每一个参与辩论的人都要有抢占先机的意识，趁着对方还没有做好准备工作或者还没有做好防范措施的时候，就先声夺人，这样才能控制对方，引导对方。在辩论中，很多经验丰富的高手都深谙此道，因而他们审时度势，察言观色，坚持做到该张口时就张口，有勇有谋地赢得辩论。

在辩论中，先发制人要以"问"开头，以"问"结尾，这样才能指出对方立论的弱点和要害。如果说在日常交流中要避免咄咄逼人、盛气凌人，那么在辩论中则偏偏要"哪壶不开提哪壶"，这样才能一针见血地指出对方的要害，使对方理屈词穷，无言以对。在初步实现这个目的之后，我们还可以反客为主，自问自答，即主动回答用来刁难对方的难题，从而证明自己的观点是正确的。由此一来，先发制人就实现了诘问的目的，使对方无法回答，因此只能避而不答。这样一来，对方陷入被动，很容易自乱阵脚，接下来的辩论比赛自然胜负立见。

很多人都把辩论比喻成唇枪舌剑，所谓枪，必须尖锐；所谓剑，则必须锋利。只有实现这两点，我们才能以唇枪舌剑战胜对方，使对方无法招架，甘拜下风。这意味着辩论是极具攻击性的。接下来，我们要学习一些提升口才的有效方法，这样才能增强辩论的攻击性，提升辩论的水平，也大大增加在辩论中获胜的可能性。

方法一：占据主动地位，牵着对手的鼻子走。在战场上，占据主动地位的一方总是能够把握战争的节奏，引导战争的走势。在辩论场上，占据主动地位的一方因为获得了主动权，所以可以先发制人，提出一些令对方无法回答的问题，导致对方哑口无言，被动挨打。那么，如何才能掌握主动权呢？例如，要发挥定义权，趁着对方还来不及做好准备之际，就扛起辩论的大旗，赢得人心。在辩论的过程中，各方都按照流程派出代表发言，必须保证每次发言都是无懈可击的，切勿被对方发现破绽或者抓住漏洞，这样就能做到万无一失。具体来说，不要冒进，而是要把话讲得滴水不漏，这样对方才没有漏洞可钻。

尤其是在自由辩论环节，要先进攻对方的要害和弱点，以起到先声夺人的作用。在获得优势后，千万不要松懈，而是要乘胜追击，在下一个回合中继续抢占优势，这样就能不断地积累小小的胜利，直到最后获得大大的胜利。当然，辩论中很有可能出现纰漏，或者暴露弱点，一旦陷入劣势，就要及时扭转局面，进行反攻。面对困境，切勿与对方纠缠不休，而是要突破话题、提升话题，这样就能牢牢掌握主动权，也给现场的评委和观众留下良好的印象。

那么，对于那些必须提出又有可能被对方钻空子的观点，应该如何表达呢？陈述这些观点一定要把握时机，为了避免被对方反攻，最好能够利用自由辩论即将结束的最后时间进行阐述，这样对方即使想要钻空子，也没有机会针对这些观点发言，只能哑巴吃黄连。此外，还可以利用对方四辩进行程序发言的机会进行阐述，此时，对方即使觉察到有空子可钻，也没有机会发言了。

方法二：有一答必有一问，要抓住机会对对方穷追猛打，死死咬住对方不放口。很多辩论新手缺乏辩论经验，甚至没有接受过专门的辩论训练，因而在自由辩论环节表现欠佳。一则，他们无法周到地回答对方的问题；二则，他们也不能向对方提出尖锐犀利的问题。很多时候，他们只知道回答对方的提问，而完全忘记了可以在结束回答之后以提问的方式攻击对方；或者，他们回避回答问题，而直接向对方提问，因而给人留下刻意逃避的糟糕印象。除此之外，机械性地回答问题也是不可取的，这样的回答没有灵魂，缺乏灵性。当然，也有些辩论选手非常机智，能够利用回答问题的机会反驳对方的观点，也的确赢得了热烈的掌声，但是他们偏偏画蛇添足，在圆满回答对方的问题之后自以为是地加上一段反问，反而拉低了整体表现。

辩论选手必须接受专业的训练，也必须身经百战，才能不断学习和掌握各种知识与技能，也才能持续积累经验，因而学会灵活机智地处理回答问题与提出问题之间的关系，也真正做到随机应变，坚持做到有一答就必有一问，而且抓住机会对对方穷追猛打，死死咬住对方不放口，做到强有力地攻击对方。

方法三：抓住对方的自相矛盾点，扰乱对方的辩论思路，使对方自乱阵脚。在辩论过程中，因为准备不充分、临场紧张、成员配合不够默契等原因，常常会出现自相矛盾的情况。通常情况下，自相矛盾分为三种情况。

第一种情况，客观事实无法论证论点，也不支持论据。面对这种情况，一定要第一时间运用来源可靠、具有权威性的事实材料，明确指出对方的观点不成立，或者证明对方的材料不真实。

第二种情况，在对方的团队中，不同辩手的发言互相矛盾。对于辩论而言，出现这样的情况无疑是致命的，这意味我们即使不从外部进行攻击，对方的内部也已经开始溃不成军。面对这样的情况，我们要及时指出对方辩论的逻辑混乱、观点和内容自相矛盾的现象。由此，使对方的辩论不攻自破，我们也就实现了兵不血刃就打败对方的目的。

第三种情况，对方忘记了自己的立场，所进行的论述是不符合立场的。在辩论中，这是不该犯的低级错误。一旦发现对方犯了这样的错误，我们什么都不需要做，只需要真诚地感谢对方帮忙就好。

在学习和掌握了上述三种方法后，我们就能大大提升辩论能力。毫无疑问，辩论场上的气氛异常紧张，辩论的节奏也是极快的。要想抓住对方的矛盾点，是很难做到的。这就要求我们要做好充足的准备，也要与其他辩论选手深入沟通，密切配合，还要调整好自己的心理状态，不要因为紧张、焦虑等负面情绪导致临场发挥失常。

不为失败找借口，只为成功找办法

在奋斗的道路上，那些只为成功找办法的人最终都抵达了心向往之的终点，而那些只为失败找借口的人不是半途而废，就是一蹶不振。人生的道路总是充满坎坷和挫折，我们必须坚定不移地信奉人生信条——不为失败找借口，只为成功找办法。唯有如此，我们才能更加无所畏惧地向前奔跑。

一直以来，大多数人都遵循古人的教诲，认为要想成功，必须天时地利人和。其实，人和不仅包括得到贵人相助，也包括要与他人精诚团结、密切合作。在很多情况下，一言能够定成败，一言也能定兴衰。因为成功与失败是孪生兄弟，兴旺和衰败是孪生姐妹。所以，每个人都要重视语言表达，发挥语言这个武器的强大作用，为自己的人生增添助力。

只有灵活运用语言，才能机智巧妙地回答故意刁难的问题。辩论恰如唇枪舌剑，也是一场没有硝烟的战争。在辩论中，为了攻击对手，我们常常需要提出有些故意刁难的问题，有些辩论选手还会无底线地提出无理的问题。因而，要想在辩

辩论的语言

论中对答如流，我们就要做好心理准备，应对一切有可能提出的问题，这样才能避免因如实回答而陷入困境。面对那些无理的问题或者是故意刁难的问题，最好的办法有三，一是答非所问；二是指东说西；三是以谬制谬。

年轻的中国留学生路侃在巴黎凭着勤奋苦读，顺利结束博士课程，即将参加博士毕业论文答辩。在论文答辩中，法籍主考官提出了一个特别奇怪的问题："在《孔雀东南飞》中，为何不说孔雀西北飞呢？"这个问题很难回答，但是路侃对此毫不惊慌，淡然说道："西北有高楼。""西北有高楼"这句话出自中国的《古诗十九首》，原句是"西北有高楼，上与浮云齐"。路侃正是以这句话回答了考官的奇怪问题，告诉考官西北有齐浮云的高楼，孔雀飞不过去，所以只能飞向东南。如果说考官问得奇怪，那么路侃则答得精妙，在场的所有人都为路侃别出心裁的机智回答拍案叫绝，连声叫好。

在这次答辩中，哪怕考官的提问很奇怪，无法正面作答，如果路侃愣在那里，哑口无言，那么必然会给考官留下糟糕的印象。由此可见，不管对方提出的问题是怎样的，我们都无法指责对方，只能尽量回答问题。越是聪明机智，越是拥有深厚的文化素养，我们越是能够随机应变，巧妙回答。

除了可以用以谬制谬的方式，指东说西地回答他人的无理提问或者故意刁难外，我们还可以运用一语双关的语言技巧，回答他人的提问。在辩论中，运用一语双关的技巧，具体来说主要是运用同音字和同义字的关系，这样特定的字词或者句式就能够在同一时间关联两件事，最终起到表面上看似说这件事情，实际上说那件事情的作用。在辩论中，双关法使用的频率很高，很受辩论选手的青睐和喜爱。双关法表达生动，含蓄委婉，给人留下意在言外的印象，令人回味无穷。

从辩论的角度分析，可以把双关法的含义分为两个层面。第一个层面的含义是根据字面理解的直言意义体；第二个层面的含义是由字面深入挖掘领悟到的深层含义意义体。前者很浅显，是通过词语和句子的表达呈现的；后者则委婉含蓄，含义深刻，要结合整个句子、具体的语境，甚至还要结合全篇的论述才能推断出来。需要注意的是，前者是后者的根本，后者则是前者的引申。

很久以前，一位县官骑马赶去京城。他策马疾驰，很快来到一个三岔路口，面对着去往不同方向的三条道路，他犹豫不决，不知道该选择哪条道路。此时，一个农夫扛着锄头从中间的道路走过来。农夫的腿上沾满泥土,锄头上还有青草,一看就是在附近干活的,肯定很熟悉附近的道路。想到这里,县官骑在马上冲着农夫喊道:"老头,我要去京城,应该走哪条路?"

农夫仿佛没有看见骑着高头大马的县官,扛着锄头自顾自地继续朝前走,连看都没看县官一眼。县官很着急,眼看着农夫就要从他身边走过去了,他用更大的声音训斥农夫:"喂,停下,赶紧停下!"

农夫这才抬眼看了看县官,漫不经心地说:"我为什么要停下。我着急赶路呢!听说我们村子里发生了一件稀奇古怪的事情,我连活儿都没干完,就急急忙忙往回赶。"县官好奇地问:"什么稀奇古怪的事情,居然让你觉得看热闹比干活还重要呢?"

农夫一本正经地说:"在我们村子里,有一匹马居然下了一头牛。""果真如此?马怎么能下牛呢?马应该下马啊!"县官百思不得其解,甚至忘记了自己要问路。看到县官这么好奇,农夫依然满脸严肃地回答:"大千世界无奇不有,我也不知道那个畜生到底为何不下马!"

在这个故事中,看到县官骑在高头大马上盛气凌人,即便问路也不懂得礼貌,还是骑在大马上。最可气的是,县官还直接称呼农夫为"老头",这简直让农夫火冒三丈。但是,农夫想到县官习惯了居高临下、仗势欺人,所以不愿意直接劝说县官要懂得礼貌,也不愿意为县官指出错误,因而就运用语义双关的方法,一则称呼县官是畜生,二则指责县官不下马。对于农夫的一语双关法,草包县官显然没有听出来农夫表达的真实意思,连问路都忘记了,还在那里思考畜生为何不下马呢,令人读来忍俊不禁,哈哈大笑。

在辩论中,双关无疑是撒手锏,总能在关键时刻起到意想不到的表达作用,帮助人们表达真实的心意,又避免了粗鲁恶俗。

在辩论中,如果不知道如何回应对方,那么还有一个放之四海而皆准的好办法,即仿照对方的语言结构,构架出句式相同但是语义相反的句子,这样就能够让对手陷入困境之中,却只能自食其果。打比方来说,这就像是踢皮球,对方把皮球踢给我们,带着足以伤害我们的威力,但是我们却把足球踢回去,并且赋予了足球新的威力。由此可见,哪怕在辩论中陷入绝境,也可以采取踢皮球方法,把难题还给对方。这么做还能起到四两拨千斤的作用,即顺着对方的思路进行轻巧的反击,如此一来既能够破坏对方的辩论结构,又能帮助自己树立论点。

运用踢皮球法的关键在于迅速接话，保持相同的结果，但是意义完全相反。不管是在生活中还是在工作中，机智巧妙地运用踢皮球法能够起到教育和警示的作用，效果立竿见影。

此外，要想在辩论中表现出色，还可以正话反说。顾名思义，正话反说就是使用语言表达字面意思，而真正想要表达的意思却与字面意思相反。例如，可以采取否定的方式表达肯定的意思，可以采取赞美的方式表达责怪的意思，可以采取抱怨的方式表达发自内心的感激之情等。正话反说对于辩论的作用特别大，既可以嘲讽他人，也可以鞭挞和警示他人。与此同时，正话反说作为反驳的利器，还能增强语言的战斗力。需要注意的是，使用正话反说的技巧一定要区分时间、场合，切勿滥用，因为正话反说具有超强的攻击力，很容易伤及无辜。

巧用激将法

很多人颇有心计，城府很深，因而特别善于掩藏真实的内心世界。不管是喜怒哀乐，还是担忧惊惧，都被他们深深地埋藏在心底。可以说，他们是喜怒不形于色的，因而几乎没有人能够探明他们真实的想法。在辩论中，遇到这样的对手无疑会倍感压力，因为他们既难缠，又难以对付，是真正的高手和强者。

难道遇到这样的对手只能自甘落败吗？当然不是。毫无疑问，每个人都有弱点，即使再强大的对手也有露出破绽的时候。哪怕他们因为掩饰而显得无懈可击，我们也要从各个方面试图突破。通常情况下，那些谨小慎微、处事稳重的人，只要产生诸如愤怒、惊慌、惧怕等负面情绪，就一定会暴露本性，进而呈现出弱点。一言以蔽之，我们要使用特定的策略，才能刺激到对方，使对方阵脚大乱。与此同时，我们还要小心防备被对方激怒，因为对方也会使用同样的方式激怒我们，从而使我们暴露弱点，为其所用。

辩论的语言

公元 208 年,曹操亲自挂帅,率领二十多万大军南征。此时,孙权雄踞江东,始终没有下定决心是抗击曹操还是投降曹操。鲁肃建议孙权联合刘备,一起对付曹操。在同一时期,诸葛亮也建议刘备联合孙权,对抗曹操。诸葛亮和刘备分析了江东的处境,以及江东将会如何度过危机,推测孙权一定会派人来与刘备商谈,以探明刘备的想法。果不其然,鲁肃很快就奉命来拜见刘备。也正是因为如此,诸葛亮才有机会进行一场令人拍案叫绝的谈判。

诸葛亮得知鲁肃即将到来,当即叮嘱刘备只要鲁肃说起与曹操作战的事情,就都交给诸葛亮做出解答。原来,诸葛亮既要与鲁肃针对当前的形势进行深入畅谈,以搜集更多的信息,也要与鲁肃推心置腹地交谈,和鲁肃成为朋友。最终,在诸葛亮的游说下,生性耿直的鲁肃说江东有向曹操投降的倾向,也介绍了江东抗曹势力当下的情况,还说决策者孙权处于矛盾的心态中,还无法下定决心是否抗击曹操。经过这次谈判,鲁肃既起到了交换信息的作用,也成功弥合了孙权和刘备之间的嫌隙,最重要的是极力地支持了诸葛亮。

诸葛亮很清楚,那些主张向曹操投降、胆小怯懦的文官,对孙权起了负面影响。尤其是孙策临终前特别托付的谋士张昭,更是作为主要决策顾问,对江东的内政起到了决定性作用。面对这些人的干扰，诸葛亮决定快刀斩乱麻，彻底解决问题。不久之后，诸葛亮与孙权当面会谈，凭着第一印象判定孙权自尊心很强，因而决定采取激将法对待孙权。针对孙权举棋不定的矛盾心态，诸葛亮故意夸大曹操的实力，而且直截了当地建议孙权如果不能下定决心抗击曹操，那么不如索性投降。孙权作为江东的霸主，如何能承受这样的屈辱，当即反驳诸葛亮："诚如君言，刘豫州何不降曹？"

其实，诸葛亮前面煞费苦心地进行铺垫，目的就是激怒孙权，让孙权提出这个质问。为此，他当即振振有词地说道："昔田横，齐之壮士耳，犹守义不辱。况刘豫州王室之胄，英才盖世，众士仰慕。事之不济，此乃天也，又安能屈处人下乎！"对于孙权而言，这番话无疑起到了超强刺激和有力鞭策的作用，也让他认识到刘备坚定抵抗曹操的态度，更是触犯了孙权的尊严。为此，孙权"不觉勃然变色，拂衣而起，退入后堂"。

这个时候，鲁肃从中斡旋，帮助诸葛亮恢复与孙权的谈判。诸葛亮借此机会促使孙权下定决心抗击曹操。其实，在这场谈判中，起到关键性作用的正是诸葛亮那段如同重磅炸弹的话，威力十足。为了这次谈判，诸葛亮破釜沉舟，冒着激怒孙权的危险，扔出重磅炸弹，也让原本含糊不明的局势瞬间变得明朗起来。

诸葛亮不但与孙权谈判时使用了激将法,而且在与周瑜进行论辩时也拨弄周瑜的弱点,把激将法发挥到了极致。众所周知,孙权特别倚重周瑜,他的很多决策都会尊重周瑜的意见。可想而知,一旦开始抗击曹操,孙权必然任命周瑜为主帅。为了保证抗击曹操的共同意愿得到执行,诸葛亮知道自己必须激发起周瑜抗击曹操的强烈愿望。为此,诸葛亮居然利用曹植《铜雀台赋》的诗句:"揽二乔于东南兮,乐朝夕之与共",诬陷曹操想要染指孙策的遗孀大乔,还对周瑜的妻子小乔念念不忘。要知道,周瑜虽然平日里看似深沉,志得意满,但是妻子小乔却是他的软肋。可想而知,诸葛亮的这个诬陷当即使周瑜信以为真,周瑜发誓与曹操势不两立。就这样,神机妙算的诸葛亮,深谙请将不如激将之道,只凭着简简单单几句话就实现了联合东吴一起抗击曹操的重任。

只有有胆识、有魄力的谈判者,才能冒着谈判失败的危险,使用激将法,达到谈判的目的。毫无疑问,诸葛亮绝非意气用事的人,他之所以冒险采取激将法劝说孙权,是因为知道孙权绝不愿意轻易投降曹操。如果把这种运用激将法的谈判比作破坏性试验,那么诸葛亮无疑有很大的把握试验成功。对于周瑜，诸葛亮也看得特别透彻，知道周瑜的软肋和弱点，所以才能一招制胜。

一般情况下，激将法指的是为了实现正面激励的作用，因而从反面刺激对方，最终使对方心甘情愿地接受我们的建议。在世界上，每个人都是独一无二的生命个体，也会从自身的主观角度出发思考和解决问题，因而正面鼓动未必能够起到预期的作用。面对这种无法正面激励的人，不妨尝试运用激将法，从反面刺激对方，或者毫不掩饰地贬低对方，这样就能激发起对方的心理冲动，使对方在毫无觉察的情况下被说服，也愿意主动配合。

从心理学的角度分析，激将法的本质是激励人们产生超越和突破自我的愿望，激发人们产生争强好胜的心理。在辩论中运用激将法，一要看准辩论的对象，二要讲究分寸。激将法不适用于那些拥有丰富的社会经验、性格稳重老成、办事周全妥当的人，因为很容易被对方识破；也不适用于那些性格内向自卑、做事情特别谨慎的人，因为很可能招致怨恨。因而，只能在那些缺乏社会经验、容易感情用事、特别冲动的人身上使用激将法，以达到预期，实现目的。

在使用激将法时，切记把握好语言表达的分寸。如果语言太过尖酸刻薄，那么对方就会产生反抗心理；如果语言太过于软弱无力,无关痛痒,那么就不能震慑对方,使对方主动做出我们所期望的举动。只有恰到好处的行为和举动,才能达成目的。

投其所好，麻痹对方

从某种意义上来说，请君入瓮恰如钓鱼，必须先投放鱼饵，鱼儿才会上钩。在辩论中，我们也可以使用投其所好的技巧麻痹对手，打破僵局，从而另辟蹊径，取得胜利。

在大多数辩论中，辩手们都绞尽脑汁地攻击对方、反驳对方。如果采取投其所好的辩论技巧，则要从逆势而动改变为顺势而为，即从顺向的角度以心理战术攻击对方。在展开心理攻势的过程中，一定要找到对方的破绽，化解对方的攻势，从而寻找最佳战机寻求突破，最终抓住好时机战胜对方。

具体来说，运用投其所好辩论时，要把握以下几个方面，才能做到请君入瓮。

首先，要投其所好。所谓投其所好，就是抛出鱼饵引诱鱼儿上钩。正如在电影《长安三万里》中，李白告诉高适的那样，要想骗过他人，就要在方方面面都做得很像，甚至连自己都骗过了。

从本质上来说，投其所好其实就是诱敌深入，即抓住对方的动机和需求，专门为对方设下圈套，引诱对方在圈套里越走越远，进入圈套越来越深。当确认对方已经无法摆脱圈套，且因为身陷圈套只能任人摆布之后，我们就可以迅速出击，用有效的方式战胜对方。

其次，要巧妙地布置迷阵，这样才能不被对方识破，也引诱对方深入迷阵。

最后，把握绝佳时机。不管是投其所好，还是巧妙布阵，要想获胜，就必须把握最佳时机。同样的辩论内容和语言，在不同的时机中阐述出来，所起到的效果是不同的。作为辩论选手，切勿心急，更不要急迫地列出自己的所有证据和观点，而是要有足够的耐心，笃定地等待好时机。唯有把握好时机，我们才能步步为营地诱导对方，使对方说出自我否定的话。

总之，在各种类型的激烈辩论中，我们如果无法从正面说服对方，那么就可以采取投其所好辩论术，巧妙地与对方周旋。在你来我往的唇枪舌剑中，我们渐渐地消除了对方的抵抗心理，也因为投其所好的策略和精心布置的迷阵，使得对方疏于防范，露出破绽。如此一来，我们就能抓住战机，趁虚而入，一招制胜。

与其被动为客人，不如主动为主人

在辩论中，与其被动为客人，不如主动为主人。很多辩论高手都擅长反客为主，这是因为他们主动做主的感觉远好过被动做客。要想反客为主，就要抓住对方的论证矛盾、逻辑漏洞，以推理的方式进行巧妙的反击。如此就能再现对方论点中的谬误，从而使对方的论点不攻自破。当出现这样的局面时，对方只能深刻反思自己的论点和论证，从而领悟正确的观点。

在辩论中，辩论双方都可以抓住对方的矛盾和破绽，趁此机会逆转局面，反客为主，从而占据主动地位。这么做往往能够击中对方的要害，使对方无言反驳。需要注意的是，反客为主辩论法本质上是以反击推理的方式击败对方，因而我们运用这个方法时一定要注意措辞和语气。归根结底，没有人愿意被人反击，因而我们要顾及对方的尊严，尤其是对于有地位有身份的人，切勿损害对方的权威。除此之外，还要区分场合运用反客为主辩论法。实际上，推理反击本身是很容易做到的，难的是在合适的场合里恰到好处地运用这个方法，令对方心悦诚服。正如一位名人所说的，如果为了反击他人赢得辩论而失去朋友，那么显然是得不偿失的。所以在运用反击推理方法之前，我们要权衡各方面的因素，也要慎重运用反客为主辩论法。

以牙还牙，针锋相对绝不退让

现实生活中，我们常常会遇到一些不懂得分寸的人，他们不管是在说话还是做事上都想占据上风，尤其是面对争辩，更是会提出无理问题。面对无理提问，我们又被动又尴尬，不知道如何应对，无形中就会让对方占据上风。为了避免哑巴吃闷亏，我们很有必要学习和掌握一些方法和技巧，这样才能于无形中化解尴尬，摆脱窘境。

日常生活中我们有时间也有机会了解他人，知道他人的脾气秉性，从而能够对那些胡搅蛮缠、没有分寸的人敬而远之。但是在辩论中，对手则常常猝不及防地挑衅我们。面对突如其来的挑衅，我们如果心理素质差，就会瞬间陷入慌乱之中，不能及时作出反应，如此一来只能任由他人刁难。反之，如果我们心理素质很强，能够临危不乱，保持镇定，从容地面对问题，机智地做出回答，那么非但能够化解自己的尴尬，还有可能让他人陷入窘境。

在人际交往中，很多人对待任何事情都淡然处之，总的

辩论的语言

原则就是与人为善，与己为善。但这样的宽容厚道未必能换来他人的以礼相待，反而有可能使他人步步紧逼，得寸进尺。对于那些没有分寸的人，我们要以牙还牙，针锋相对，绝不退让，这样才能帮助他人明白做人做事的界限，让他人有所忌惮，有所收敛。

然而，在日常交流或者辩论中，我们无须耗费大量的时间和精力运用技巧和反技巧。俗话说，言多必失。与其把语言表达搞得过于复杂，难以掌控，不如坚持简洁凝练的原则，让沟通更加简单直白。特别是在辩论中，一旦双方都乐此不疲地运用各种技巧和反技巧，那么各方都无法占据上风，反而因为无休止的纠缠而疲惫不堪、心力交瘁。有些辩论者一味地沉溺在辩论中，只顾着炫技，反而忘了辩论的最终目的。

不管是出于怎样的目的进行交流，大多数人都喜欢简单明了地表情达意，都更愿意开门见山地陈述重点，而不想在拐弯抹角的揣测上花费时间和心力。此外，还要避免过于含蓄。适度含蓄也许是为了顾及双方的颜面，维护双方的良好关系，过度含蓄则会导致事与愿违，使双方哪怕沟通很久也无法表明心意，更无法准确地传递信息。既然如此，我们就要避免过于繁复和冗长的表达，而是尽量做到语言简洁，表达直接。

当然，辩论是攻击性的，是双方以语言进行的一场斗争。

为此，辩论不同于普通的人际交流要以和谐融洽为主旋律，而是要争出胜负输赢。既然如此，以牙还牙很有必要。所谓以牙还牙，就是以其人之道还治其人之身，就是以他人的谬论攻击他人。面对那些喜欢以歪门邪道赢得辩论，且总是毫无原则和底线讲歪理甚至是不讲理的辩论对手，这个方法是卓有成效的。从本质上说，以牙还牙是进行正面进攻，即毫不遮掩，用对方提出的错误理论一针见血地反驳对方，也许只需要这一次反驳就能让对方彻底无话，不再继续狡辩。不得不说，这种辩论的方法是酣畅淋漓的，也能起到最佳的效果，尤其是能战胜那些倡导歪理邪说的人，使他们被自己打败。这种辩论的方法干脆利索，精明果断，绝不拖泥带水，更不瞻前顾后。

很久以前，二小在一户地主家里打长工，平日里不但要帮助地主干地里的活计，还常常被地主差遣去做一些零碎活。这天，二小刚刚从地里收工回来，腿上的泥还没来得及洗呢，地主就吩咐他："二小，你去帮我买一壶酒来。"二小一边答应着，一边等待着。等了半天，看到地主没有给钱的意思，二小只得问道："你让我去买酒，还没给我钱呢。我没有钱怎么买酒？"不想，地主却说："二小啊，你是我最喜欢的伙计，聪明伶俐。人人都会用钱买酒，这不算是真本事。我想，不花钱买

辩论的语言

酒，才能表现出你与众不同的能耐。快去吧，我相信你一定能做到。"

地主话音刚落，二小就提着酒壶出门了。地主暗自高兴：这个傻小子，要是真能不花钱就买来一壶酒，那就太厉害了。一想到也许能喝不花钱的酒，地主就眉开眼笑。他等啊，等啊，等啊，直到吃晚饭时，二小终于回来了。不过，二小提着的酒壶依然是空的，里面连一滴酒都没有。地主生气地说："你这个倒霉蛋，酒壶里连一滴酒都没有，我喝什么？"二小气定神闲地说："你啊，喝了这么多年酒，怎么着也得算半个酒仙了。酒壶里有酒谁都会喝，酒壶里没酒也能喝酒，才是真的厉害呢！"二小的话把地主说得哑口无言，谁让他非得不给钱让二小去买酒呢！这下子，地主可算是栽在二小的手里了。

显而易见，地主只想喝酒，却不想花钱，因而把这个难题踢给了二小。幸好二小聪明机智，没有拿着空酒壶去偷酒，也没有用自己的钱给地主买酒，而是就这样拿着空酒壶回来，让地主就着空酒壶喝酒，表现出与众不同的本领。虽然已经到了吃晚饭的时间，地主却没有酒喝，但是他却只能吃了这个哑巴亏，因为是他戏耍二小在先，也就不能怪二小以牙还牙了。

生活中，总有些人特别无知，却自以为是。他们自视甚高，只要抓住机会就会攻击他人、贬低他人。面对这些人，一味地忍辱退让是不行的，必须与他们针锋相对，让他们彻底心服口服。面对他人的不当言辞，我们要坚持以下原则。首先，你荒谬，我比你更荒谬，即以荒谬制荒谬。其次，委婉地提醒对方，让对方有所收敛。俗话说，响鼓不用重槌。对于那些还有一定自知之明的人，我们无须揪住他们的错误不放，而是可以含蓄地指出他们的错误，相信他们在意识到自己的错误之后一定会有所收敛，也会及时改正错误。最后，针锋相对，绝不退让。有些人总想压制他人，以显示他们的优越，甚至还会用荒谬的理由和极具挑衅意味的提问刁难他人。对于这样的人，切勿一味让步，而是要坚持有理有据地反驳他们，最终让他们自甘落败，不再负隅顽抗。

辩论的语言

以诚感人,以情动人

在日常生活中,大家更倾向于相信有诚信的人。一个人如果缺乏诚信、言行不一,那么他越是口若悬河、滔滔不绝,就越是会引起大家的反感,使大家误认为他口蜜腹剑、城府深沉。从这个角度来看,要想在辩论中取胜,最重要的不是具备雄辩之才以舌战群儒,而是要能够以真诚打动他人,赢得他人的信任和支持。

人们之所以相信道理,是因为真理具有强大的力量;人们之所以愿意遵从道德,是因为人格具有强大的力量。毋庸置疑,不管是人格还是品德,都属于非智力因素,但是它们在辩论中却胜于道理。人们常常形容某个人德高望重,其实,品德高尚的人不但具有威望,而且也能增加道理的分量。当一个德高望重的人和一个普通平凡的人讲述同样的道理,那么必然有很多人选择信服德高望重者。人们常说,人微言轻,正是这个道理。

人们常说,在商海中奋斗不是一件容易的事情,为此那

第三章 抢占先机，以进攻代替防守才能占优势

些初入商海的人往往口若悬河，滔滔不绝。相反，那些已经在商海中浮浮沉沉数年，体会到经商真谛，也见识过大风大浪的人，则出人意料地低调安静。他们要么不说，要说就说真话，从不欺骗或者刻意隐瞒他人任何事情。正是因为坚持真诚做人的原则，他们才能赢得他人的信任，也才能与生意伙伴之间建立稳定的合作关系。这就合理解释了为何很多新手推销员凭着笨嘴拙舌，但却误打误撞地把产品推销了出去，而那些训练有素的推销员，尽管懂得说话的奥妙，却常常招致顾客的反感，导致推销失败。

1915年，小洛克菲勒在处理工业大罢工时发表了言辞恳切的演讲，成功地消除了与工人的隔阂与矛盾。

当时，在科罗拉多州，煤铁公司的矿工不满待遇，举行了大罢工。对于这次大规模的罢工，公司方面没有第一时间做出妥善的处理，导致大罢工愈演愈烈，最终劳资双方都走向极端，使罢工发展成为流血惨剧。这次大罢工持续了整整两年时间。对于大罢工，小洛克菲勒刚开始时想得极其简单，认为只要态度强硬，动用军队，就能结束罢工。然而，当罢工发展成为流血惨剧，非但没有解决任何问题，反而使罢工持续了下去，也使公司承受了更严重的损失。后来，小洛克菲勒认识到

辩论的语言

他最初采取的方法是错误的，于是转变思路，改变方式，先暂时放置罢工的事情不予处理，而是采取怀柔政策，深入工人的生活，拉近与工人的关系。等到工人们对他不再那么敌视和抗拒时，他才与工人代表进行了深入细致的交谈，并且对工人代表进行了真诚的演讲。由此，持续两年的大罢工终于宣告结束。

在这次起到关键作用的演讲中，小洛克菲勒说道："在我的一生中，今天都是最值得纪念的。我很荣幸认识诸位，也很庆幸在此刻与诸位相聚。如果我在两个星期前与诸位相聚，那么我顶多算作陌生人，因为我不认识你们之中的大多数。在这两个星期里，我看遍了南煤区的所有帐篷，和有些代表私底下进行了沟通。我去到诸位的家里，得到了诸位家人的热情招待，使我仿佛回到自己家里。所以，今天，我们已经是朋友了。现在，我们要以朋友的身份共同讨论我们的利益。承蒙各位工人代表和厂方职员的厚爱，我才能在这里与你们并肩作战，我永远不会忘记这伟大的友谊。我相信，我们的事业和前途从此将会无限光明。今天，我虽然依然代表公司的董事会，但是，我相信我们是命运与共、休戚相关的。现在，我们要从长计议与我们密切相关的问题，也要争取得出圆满的解决办法……"

通过这段话不难看出，小洛克菲勒一改此前高高在上的官僚作风和强硬态度，而是以诚恳的语气说出这些真心话，因而激发起矿工代表的共情，也帮助自己摆脱了一直以来身陷其中的困境。

不管是日常与人交流，还是在辩论中与人争辩，抑或是想要说服他人接受我们的思想和观点，我们都要本着以诚感人，以情动人的原则。唯有以丰富的感情激发起人们的共情，我们才能影响人们，使人们改变自己的观点和行为，也使辩论产生最好的效果。在以情感人时，我们既可以说一些蕴含深情的故事，也可以现身说法，以自己的亲身经历感动他人。总之，一定要情真意切，才能运用好感情这张王牌。

第四章
后发制人，以必不可少的防守才能扭转局势

在辩论中，不管是采取进攻还是采取防守，都不是绝对的，而是要把进攻和防守结合起来。换而言之，辩论必须进攻中有防守，防守中有进攻。从某种意义上来说，进攻与防守是相对而言的。即与进攻相比，我们采取的某些举措更侧重于防守。更具体地说，防守就是在遭到对方的进攻时，主要采取应答的方式维护己方的论点，守护己方的阵地。因而，防守并不意味着无所作为，而只是辩论的一种战术。

📖 辩论的语言

醉翁之意不在酒，真心实意在话外

中国汉字博大精深，在有些情况下，人们真正想要表达的意思，与口头说出来的语言是完全不同的。正所谓醉翁之意不在酒。要想听懂他人的话外音，我们就要加深与对方的沟通，也要努力挖掘对方的真实意思。

在辩论中，很多人都喜欢借用兵法的一个重要招数——旁敲侧击，表面上采取防守，实际上却在偷偷地进攻。这不仅在战略战术领域是锦囊妙计，在辩论中也是效果显著的辩论技巧。

需要注意的是，采取旁敲侧击的方法，一定要找到对方的要害和软肋，这样才能一招制胜，迫使对方缴械投降，对我们表示认同。反之，如果旁敲侧击并没有击中要害，那么反而会打草惊蛇，使对方提前做好准备，对我们严加防范。可想而知，在一击不中，反而令人心怀戒备之后，我们就很难再趁着对方疏忽懈怠的时候进行突袭了。

在辩论中，我们固然要听他人所说的字面意思，却也要结合他人的各种表现、沟通的氛围和环境，以及此前发生的相关事宜，更深入地揣摩对方的意思，了解对方的真实意图。这样才能接收到对方真正想要传递的信息，觉察到对方的情绪和感受，从而有的放矢做出回应。

辩论的语言

提炼语言，以表明立场

在辩论中，切勿使用含糊其辞的表达方式，而是要提炼语言，以凝练准确的语言清楚地表明立场。在提炼语言的同时，我们还要坚持突破传统的条条框框的束缚，以争取从更新的角度进行阐述或者辩论。

很多辩论选手总是不懂得提炼语言，而啰哩啰唆地再三强调自己的观点和立场，结果非但没能表明立场，反而使对方产生了误解。毫无疑问，这是不利于开展辩论的，更不利于在辩论中取得好的结果。一切辩论，都要以阐明立场为开始。如果立场不明确，那么就会给人留下词不达意的糟糕印象。例如，自从新的生育政策施行以来，很多人都想要生二胎，对此，有人认为只生一个好，有人则认为生二胎好。对于"生二胎好不好"的论题，如果盲目地提出反方论题"生二胎不好"，则未免有极端的嫌疑。要想避免被指责走极端，应该综合考虑，再以精练的语言表明立场："如果因为生二胎而影响正常生活和对孩子的教育，那么最好不要生二胎。"如此一来，既避免了反对生二胎的极端,又避免了支持生二胎好的观点。一旦确立了论点,辩论获胜的可能性就会大大增强。

曾经有一位哲学家说过,雄辩是燃烧的逻辑。在辩论中,我们既要条理清晰地阐述自己的观点和思想,也要运用逻辑作为武器,对对方的论点、论据和论证进行攻击,这样才能揭露对方的论点、论据和论证存在的漏洞,从而避开对方的锋芒,打击对方的气势。

在准备辩论时,一定要形成逻辑严密的有机整体。在辩论的过程中,很多辩论者因为事先没有准备充分的材料,或者是因为陷入对方精心设计的逻辑漏洞中,所以无法树立对己方有利的论点,也无法依靠常用的逻辑思维方法实现有利于自己的辩论目的。为此,他们只有采取诡辩的逻辑,才能摆脱语言的困境,也才能扭转局势。

从整体上来说,辩论要想取胜,语言必须精练。所谓精练,就是辩论者以简明扼要的语言,对对方的要害和弱点进行攻击,这样才能一语中的,一针见血,也才能一招制胜。在辩论中,要尽量使用那些简短的句子和犀利的词语,因为辩论阐述的时间越长,对方可以用来思考和组织语言的时间越长。这就会使辩论者陷入矛盾状态,一方面要做到准确到位地表达,另一方面又要尽量缩短辩论的时间,以便让对方没有充分的时间思考和组织语言，使对方辩驳面临更大的困难。辩论者必须把握好这种微妙的平衡，才能既做到精准打击对方，又缩短辩论的时间，使对方措手不及。

辩论者还要意识到，辩论是一场针锋相对的较量，目的在于证明对方是错的，证明自己是正确的，唯有如此才能说服对方，赢得辩论。因为己方和对方的观点是对立的，所以辩论者必须采取具有攻击性的语言，这就是辩论的冲突形式。需要注意的是，辩论虽然要以语言进行攻击，但是攻击的目标不是对方辩论选手，而是对方的辩论论点，包括论点、论据和论证的方式等。

因为辩论的主体不同、辩论的目的和内容不同、辩论的环境不同，所以辩论的表现是不同的。有的辩论看似柔和，实则绵里藏针；有的辩论来势汹汹，步步为营；有的辩论采取犀利的措辞，仿佛要以语言力压千钧；有的辩论不温不火，仿佛隔靴搔痒，最终的效果也令人担忧。总而言之，任何类型的辩论都是在进行语言交锋，都体现出了不同的攻击性。对于辩论而言，哪怕攻击的力量很弱，攻击的形式比较隐晦，也难以改变辩论的本质特点。

与其以硬碰硬，不如迂回曲折

在辩论中，我们往往无法轻而易举地说服他人，尤其是当对方性格刚烈且表现得特别固执时，我们更是很难让对方改变观点和想法。在这种情况下，与其以硬碰硬，导致事与愿违，不如迂回曲折，避免与对方进行正面的语言交锋，而是转变思路，从侧面寻找机会进行突破，对对方循循善诱，晓之以理或者动之以情。和以硬碰硬强制要求对方做出改变相比，采取迂回战术诱导对方，则能够以语言打动对方的心，使对方心中原本存在的想法发生改变，由此一来，对方就会主动思考，最终想明白其中的道理。

很多人都去过泰山，就会发现那些挑山工并不会如同普通游客一样直上泰山。他们经验丰富，会走"之"字形，这样哪怕多绕了一些路，却能够让攀登变得更容易，因而尽快到达山顶。迂回曲折地说服他人，恰如采取"之"字形路线爬泰山，具体来说，先以诱导的方式讲述道理，这虽然需要多费唇舌，却能做好铺垫，让对方心服口服。当做好准备工作，也让对方

辩论的语言

在心理上开始放松,那么辩论成功就成为水到渠成的事情。

赵惠文王驾崩之后,年幼的孝成王当即登上王位。因为孝成王少不更事,所以他的母亲赵太后负责处理朝政。趁着赵国动荡不安之际,始终对赵国虎视眈眈的秦国开始进攻赵国,想要吞并赵国。眼看着赵国危在旦夕,赵太后束手无策,只能求助于齐国。齐国深知秦国国力强盛,不好应对,也深知唇亡齿寒的道理,不想让赵国灭亡,因而对赵国提出了苛刻的条件——让长安君去齐国当人质,齐国才会出兵援助赵国。长安君是赵太后最小的儿子,是孝成王最小的弟弟。

对于齐国的严苛要求,赵太后坚决拒绝了,哪怕大臣们全都劝说她答应,她也不为所动。后来,每当有大臣劝说,她都勃然大怒。然而,赵国被秦国围困,眼看着就要国破家亡,这个时候,左师触龙对赵太后动之以情,晓之以理,终于说服了赵太后。那么,触龙到底是如何劝说赵太后的呢?

这天,触龙假装闲来无事去拜访赵太后,他一见赵太后就满怀歉意地说:"太后,我的脚生病了,所以很久都没来向您请安,但是我一直很担心您的身体健康。"这时,赵太后说道:"我向来以车代步。"触龙又问:"近来,您的饮食情况如何?"赵太后说:"吃粥。"触龙说:"近来,我也食欲不振,每

第四章 后发制人，以必不可少的防守才能扭转局势

天都要散步才能增加食欲，让身体强壮一些。"赵太后摇摇头，说："我和你可不一样。"就这样，触龙和赵太后寒暄片刻，赵太后这才表情缓和，减轻了对触龙的戒备。

触龙继续说道："我的小儿子舒祺不成才，我想请太后允许他进宫当卫士，了却我一生的愿望。"赵太后得知触龙的小儿子只有十五岁，又得知触龙想在生前安排好小儿子的事情，忍不住感慨："看来，你也很疼小儿子。"触龙当即表示认可，说道："的确，我比我夫人更疼爱小儿子。"赵太后当即表示反对："不，世界上只有母亲最疼爱小儿子。"

就这样，触龙以小儿子舒祺为借口，开始和赵太后谈论关于长安君的话题，因为长安君也是赵太后的小儿子。触龙说道："其实，我觉得您更爱长安君的姐姐，所以才会把她嫁到燕国。"

赵太后更正道："不，我当然最疼爱长安君。"

触龙感慨地说道："父母之爱子，则为之计深远。当年，您不舍得长安君的姐姐出嫁，又担心她的安危，总是掉泪。每次，您都祈祷她过得好，能够生出子嗣继承王位。您对她的爱，令人动容。"

赵太后忍不住连连点头。触龙继续说道："您想，迄今为止，历代赵王的子孙中，有没有受封为侯且能保持三代繁荣昌

辩论的语言

盛的？"赵太后摇摇头。在触龙的引导下，她想到其他诸侯也没有受封为侯能繁荣三代的。

触龙感慨地说："祸害近可及身，远则殃及子孙。在王族的子孙后代中，那些没有功绩却身居高位的，那些没有功劳却得到丰厚俸禄的，最终必然贻误自己。现在，您最重要的不是庇护长安君，而是给他建功立业的机会，这样才是真正疼爱长安君，就像疼爱长安君的姐姐一样，为长安君的长远考虑。"

听到触龙的这番话，赵太后意识到触龙说得的确很有道理，因而接受触龙的劝说，决定把长安君送到齐国当人质，拯救赵国。

作为大臣，要想说服把持朝政的赵太后把最爱的小儿子长安君送到齐国当人质谈何容易，但是触龙却运用迂回曲折的方法，循序渐进地打动赵太后的心，最终说服了赵太后。

使用迂回曲折的辩论技巧，既能够委婉表达自己的意思，又能够让对方心悦诚服，从而达到辩论和说服的目的。在辩论的过程中，要使用迂回曲折的说服方法，就要辨识如下两种情形。第一种情形，对方提出的问题既不能否定，也不能如实作答，那么就可以借用对方的观点进行回答。第二种情形，你不接受对方的观点和主张，又不想冲动地反驳对方，那么可以抓住对方表示质疑的机会，对对方进行反驳。需要注意的是，在辩论的过程中，不管面对哪种情形，切勿说一些假大空的道理，而是要具体生动地讲道理，翔实地阐述道理，这样才能引导对方进行思考，最终主动得出结论。在辩论中，还要发挥语言的艺术，让语言变得更加生动，这样能够起到言有尽而意无穷的表达效果。

辩论的语言

想方设法破解僵局，扭转局势

在辩论中，当对方开始疯狂攻击我们，我们最应该做的不是缴械投降或者颓然放弃，而是想方设法中止话题，这样才能寻求机会扭转局势，也才能为自己争取到更多时间突破僵局。很多辩论选手一旦被对方的猛烈攻势逼得无路可走，就会陷入紧张慌乱之中，由此让现场的情况变得更加混乱和糟糕。

面对看似陷入绝境的辩论，我们一定要发挥语言技巧，达到扭转局势的目的。例如，可以说一些俗谚。所谓俗谚，就是民间流传下来的俗语或者谚语，这些话经过了时间的考验，得以世世代代流传，很容易使人产生"这是真理"的错觉。要知道，大多数人都崇尚真理，也会不假思索地坚持真理。

使用俗谚，通常以"俗话说"为开头。例如，当被对方逼迫着当机立断时，我们不妨说"俗话说得好，欲速则不达，所以快就是慢，慢反而是快"。再如，对方指责你学识浅薄，特别无知，你可以说"常言道，知而不行，犹如不知"，从而为自己辩解，也表明自己拥有丰富的经验，足以弥补知识的欠缺。

第四章 后发制人，以必不可少的防守才能扭转局势

除了以俗话为自己开脱外，我们还可以找借口为自己辩解。找借口的关键在于故弄玄虚，而且要做好破釜沉舟的准备，因为一旦找借口不能达成预期目的，就会被对方识破用意，所以很难以其他方式挽回局面。

在找借口以扭转局势时，我们要注意以下三点：

首先，哪怕是对显而易见、确凿无疑的事情，也要反复询问，再三确认，这样才能招致对方反感，让对方产生想要摆脱我们的想法。这种策略的本质在于声东击西。具体来说，即说些无关紧要或者毫不相干的事情，以转移对方的注意力，使对方不再关注我们的弱点和要害。在此过程中，连环发问能够扰乱对方的思路，使对方的辩论失去条理性，减弱威力。

其次，要求对方更正含糊其辞的话，或者准确定义那些语义不清的词语。这样一来，对方很有可能在阐述的过程中暴露弱点，减缓攻势，以自圆其说。当对方义正辞严地高谈阔论时，我们可以要求对方列举现实生活中的案例，或者列举具有说服意义的案例，如此一来对方很有可能一时思维短路，无法及时做出解释。

最后，要发挥语言的艺术，例如增强语言的幽默感，适度说一些具有嘲笑或者讽刺意味的话等。前者可以营造轻松愉悦的氛围，后者则能够扰乱对方的阵脚，使对方自曝短处或者

弱点，也能攻击对方的心理防线，使对方受到心理冲击。

总而言之，面对僵局，一定要想方设法破解，而切勿被动地等待。有的时候，糟糕的局面也蕴含着新的生机，总比陷入僵局一成不变更好。面对僵局，既要能沉得住气静观其变，也要拥有破釜沉舟的勇气，从而彻底改变现状，迎来新的转机。

第四章　后发制人，以必不可少的防守才能扭转局势

将计就计，顺势而为

在辩论中，如果一直与对方针锋相对，那么必然导致气氛剑拔弩张。如果不是原则性问题需要一较高下，采取将计就计、顺势而为的方式，则能让辩论取得更好的效果。所谓顺水推舟，就是首先认可对方的论点，然后以对方的论点为起点进行演绎，最终得出明显荒谬或者错误的结论。由此一来，就可以集中火力，对该错误的结论进行攻击，最终说服对方。这里所说的顺，指的是承接，只有先承接对方的论点，我们才能继而做出推的动作；所谓推，是指逆转，由推才能引出结果。很多方法都能达到顺水推舟的目的，例如以因果关系进行顺推，以选择进行顺推，以归谬的逻辑进行顺推等。

说起辩论，很多人当即就会想到针尖对麦芒、针锋相对等。其实，越是辩论，越是要讲究策略，唯有如此，才能达成预期的目的。在辩论中，我们的目的是说服对方，接受我们的观点和主张，而非真正与对方为敌。

学会倾听，才能把握机会

辩论的目的是什么？既不是取胜，也不是打败别人，而是获得真知。在辩论的过程中，我们要始终牢记辩论的初心，即理不辩不明。因此，要把第一个发言的机会让给他人，这样既能够表现出我们的宽容大度，也能够借此机会探明对方的实力，观察对方的表现。古人云，知己知彼，百战不殆。如果我们抢先发言，那么既无法探明对方的虚实，也无法表现出自己的谦逊低调。综合来说，面对缺乏了解的对手，让对方先发言，自己则保持倾听的状态，这才是最好的选择。

从辩论的角度来说，倾听，还能帮助我们找到对方语言中的漏洞，从而瞅准机会进行反驳。辩论要想取胜，一方面要靠着己方严密的逻辑和犀利的表达，另一方面还要抓住对方的要害或者弱点，从而及时展开进攻。在很多辩论中，哪怕我们的力量不够强大，只要能够抓住对方的弱点，当机立断展开进攻，也就能够一招制胜。

第四章　后发制人，以必不可少的防守才能扭转局势

隋朝时期，有个人说话结巴，但是思维敏捷。有一次，官员杨素告诉结巴的人："在你面前有个方圆一丈且深度也是一丈的大坑，你一不小心掉进去了。那么，你想想，你该怎么出来？"结巴的人沉思片刻，问道："大坑里有有有有梯子吗？"杨素不屑一顾地说："要是有梯子，我还需要让你想办法出来吗？傻子都会爬梯子。"结巴的人又问："那么，我是白白白天天掉进去的，还是黑黑夜夜夜夜掉进去的？"杨素忍俊不禁，说道："我让你想办法从大坑里出来，这与白天黑夜有什么关系呢？"结巴的人说："如果是白白白白天，我只是结巴，又又又不是瞎子，我当然然然然能看见大坑，怎么会掉进去呢？"

不得不说，这个结巴的人特别聪明，思维敏捷，他知道杨素故意逗他寻开心，因而先问大坑里有没有梯子，从而让杨素放松警惕，不知道他的真实用意。当听到杨素不屑一顾的回答时，他又询问掉进去的时候是白天还是黑夜，这个时候，杨素显然已经失去了耐心，认为结巴的人不但结巴，而且头脑愚钝，所以当即提出不管是白天还是黑夜都与答案没关系。恰恰是这个时候，结巴的人指出杨素逻辑上的漏洞，告诉杨素如果是白天，他是哑巴又不是瞎子，因而是不会掉进去的。

辩论的语言

善于倾听,我们才能在对方猛烈的攻势中发现漏洞,找到弱点,从而把握机会,一招制胜。在辩论中,有些选手只顾着口若悬河说个不停,而丝毫没有想到决胜的机会也隐藏在对方的阐述中,因此反而因为说得太多而自曝短处,被对方钻了空子。

要想赢得辩论,我们就要善于倾听,巧妙反驳。故事中结巴的人,面对杨素的刁难丝毫也不惊慌,而是发挥智慧,不动声色地把难题抛给对方。一个人如果不愿意用心倾听,就无法好好地说话,更不可能把握说话的重点。在辩论中,听与说是辩证统一的,而非是只能选择其一的。我们越是凝神细听对方所说的每一句话、每一个字,越是能够捕捉到更多的蛛丝马迹洞察对方的心思,也越是能够找出更多的机会转化防守为攻势。

在很多情况下,他们会预先准备公开的发言,因而说得冠冕堂皇,无懈可击。但是,对于情急之下或者是发自内心说出的话,他们则没有办法巧妙地加以伪装,反而更能体现出他们的真实心意和情感。善于倾听的人绝不会错过任何语气词和停顿,也能够通过认真倾听掌握对方更多的情况,从而有的放矢地采取策略,进行反击。

第五章
发挥幽默，嬉笑怒骂谈笑风生是艺术

无论是在辩论场上与人辩论，还是在生活中与人争执，我们都要发挥幽默的沟通技巧，从而化解尴尬，消除难堪，让自己始终保持良好的状态。与普通形式的辩论不同，幽默辩论没有一定之规，而是以有趣的方式暗示各种事物的本质，从而起到辨明是非对错的目的。需要注意的是，幽默辩论并非嬉笑怒骂由心，而是要结合辩论的具体情况随机应变，展现智慧，让他人会心一笑。

辩论的语言

幽默，是最高级的智慧

在辩论中，如果选手懂得幽默，那么就会散发出灵气，引人注目。尤其是当辩词中闪烁着智慧的火花时，辩论会变得更加精彩，且引人入胜。至此，辩论不再是一座不起眼的小土坡，而变成了辩论双方都拼尽全力想要尽快抵达的巅峰。在雄辩中，幽默仿佛一朵绚烂绽放的花朵，令人刮目相看，也令辩论充满了诗意的力量。

也许有人担心当辩论变得风趣幽默，少了唇枪舌剑的意味时，是否会削弱语言的力量，使语言无法表现出力拔千钧的气势。其实，这样的担心完全是多余的。事实证明，风趣幽默的辩论增强了语言的穿透力，使语言在诙谐之余变得更加准确凝练，富有深刻的含义。如此一来，必然产生四两拨千斤的力道，扭转整场辩论的局势。

口头辩论的三要素——简洁的语言、紧促的时间和灵敏的反应，都与幽默息息相关。幽默能够营造辩论轻松的氛围，消除无形的压力和紧张的气氛，还能够让语言变得更加机敏凝练。当我们无法从正面揭露问题的本质时，运用幽默的语言则能有效地化解尴尬，让反驳不动声色，效果显著。

当对方露出破绽时，如果我们能够运用幽默的语言，则一定能够出其不意，攻其不备。此外，幽默辩论还可以运用诡辩法。所谓诡辩法，就是面对那些显而易见的错误论点或者论述，故意使用歪理进行狡辩，这样就能达到混淆是非的目的，还能彰显出自身的聪明机智和幽默风趣。

在各种类型的辩论中，诡辩法并非只能单一使用，而是可以与很多辩论方法结合起来使用。有的人想靠着歪理把人气笑，有的人则只想胡搅蛮缠，以丑态百出赢得他人的笑声。

1895年，正值炎热的夏季，很多人都去了避暑的地方休闲旅游。大名鼎鼎的小说家马克·吐温也去了避暑胜地。在这里，他偶遇了比杰尔夫人。马克·吐温与比杰尔夫人已经相识很久了。此前，他们曾经针对世界上到底有没有灵魂存在进行过争论。他们各执己见，谁也无法说服谁。坚信人有灵魂的比杰尔夫人，挖苦马克·吐温："亲爱的朋友，当一百万年过去，我们在天堂重逢，你是否愿意接受我的观点呢？"马克·吐温觉察到比杰尔夫人很生气，因而一言不发。但是，他依然坚持自己的观点，认为世界上根本没有灵魂存在。

辩论的语言

次日,马克·吐温准备了三块小石头,石头上分别写着三句话,内容如下:"当一百万年之后,事实证明你的正确和我的错误,那么,我将鼓起勇气公开承认错误,并且面对你写满嘲笑的小脸。如果事实证明我是正确的,那我会很遗憾无法与你对证。啊,石头啊!既然你已经耐心地等待了几百万年,就继续等待一百万年吧。"看到三块石头上的内容,感受到马克·吐温的幽默,比杰尔夫人心中的愤怒一扫而空。此后,她与马克·吐温依然是好朋友,而且他们再也没有针对关于世界上是否有灵魂的事情进行讨论和争辩。

无论是演讲还是辩论,都是高超的语言艺术。从古至今,无论是中国还是西方国家,那些优秀的口才大师都深谙幽默之道。他们机智灵活,在唇枪舌剑中表现出杰出的才华。在辩论中运用幽默,不但能够帮助我们提高胜算的概率,而且能够调节气氛,也把气氛推向高潮。尤其是幽默还会让整场辩论充满乐趣,因而少了几分针锋相对、剑拔弩张,而多了几分轻松自如、和善愉悦。

幽默感,是一种难能可贵的情趣。在辩论中要想运用幽默,就要努力发现对方的弱点和漏洞,从而运用发散性思维,从对方意想不到的角度切入,组织语言点到为止,以恰到好处的力度攻击对方的要害，如此才能达到出人意料的效果。在辩论中，幽默看似是轻松的调侃，实际上却能起到四两拨千斤的作用。唯有那些知识储备渊博且聪明机智的人，才能灵活地运用幽默，提升辩论的水平，成为真正的辩论高手。

辩论的语言

听懂话外音，以话动人心

在辩论中，有些高明的辩论选手常常借题发挥，以幽默的方式达到"意在言外"的效果，更有些人看似是在自嘲，实际上却是在对他人进行反击。这就是弦外有音，也就是人们常说的醉翁之意不在酒。其实，不仅辩论中要运用意在言外的方法表达，在现实生活中，我们也可以发挥弦外有音的表达艺术。

从辩论的角度来说，这就是机辩，即唯有听懂话外音，才能以话动人心。很多人都把机辩与善辩混为一谈，这是对机辩的误解。所谓机辩，从字面理解，就是机智的辩解。所谓善辩，则是用来形容说话者善于辩论，是独有的专长。机辩未必等同于善辩，但是善辩必然包含机辩。因为大多数机辩者都有敏捷的思维，所以才能发挥聪明才智进行辩论。

从前，有个年轻人一门心思想入朝为官，但是他家并没有亲戚当大官，这就意味着他不可能通过亲朋好友的举荐进入仕途。思来想去，他意识到参加科举考试是唯一的出路，因

第五章 发挥幽默，嬉笑怒骂谈笑风生是艺术

而当即决定通过科举考试谋求官职。然而，他平日里游手好闲，不学无术，只要拿起书本就犯困。等到了考场上，他打开考卷，发现试卷上的很多字认识他，他却不认识试卷上的很多字。为此，他只能连蒙带猜地答卷。周围的人都伏案疾书，运笔如飞，他却无所事事。突然，他想到了一个走捷径的好办法，即只要在试卷上注明"我是当朝宰相的亲戚"，阅卷大人哪怕是为了讨好宰相，也会对他多加照顾。不想，他却把"亲戚"错写成"亲妻"。阅卷时，考官大人先是看到年轻人连不成句的文章，忍不住生气地把试卷丢到一边。正在此时，考官大人看到年轻人标注的那句话，居然被气笑了，暗暗想道："连亲戚都不会写的人，居然也敢来参加科举考试，简直是不自量力。"考官大人提起笔，在年轻人的那句话旁边写道："我不敢娶！"其实，考官大人的意思是"我不敢取你这样的人才"。

在这个案例中，年轻人因为才疏学浅，所以把亲戚写成了"亲妻"，因而考官大人顺势而为，把取写成了"娶"，这样既与"妻"相对，也讽刺了年轻人的错别字，可谓一举两得。从表面上来看，主考官说的是"既然你是当朝宰相的妻子，我断然不敢娶你"，从深层次来看，主考官说的是"会把

戚写成妻的考生，我是不会录取的"。可以说，主考官聪明机智，非常幽默，以这样的方式拒绝考生，起到了绝妙的效果。

在辩论中，如果遇到蛮横且不讲道理的人，我们与其和对方胡搅蛮缠，使自己丢到面子，不如运用幽默，以谬制谬。具体来说，就是利用对方的谬论，一谬到底，从而使对方的谬论以夸张的形式得到呈现，这样一来，所有人一眼就能看到错误，甚至对方也会主动认识到错误，因而也就免除了我们浪费唇舌与对方争辩。在很多场合中，当对方不怀好意，故意刁难我们时，我们顺着对方的谬论进行推理，能够让对方哑巴吃黄连，有苦说不出。

从前，有个富翁富可敌国，却特别吝啬。他住在豪华的房子里，养了好几条狗。他特别爱狗，把狗视为命根子。眼看着狗的年纪越来越大，富翁很担心有朝一日狗会离开他，因而特意请来画家，为狗作画。

富翁对画家提出的要求是：以百花盛开、姹紫嫣红的花园为背景，画出狗狗们在一起嬉闹玩耍的情形。画家用了整整一个星期，才完成这幅画作。在画作中，每一只狗都栩栩如生，表情生动，动作细微。然而，富翁在啧啧赞叹欣赏完画作之后，突然皱着眉头说道："这幅画好是好，就是少了一个重要的东西。"画家不解地问："您总共有五只狗，我都画上了。您要求以花园为背景，我也把花园画得很漂亮。那么，还缺少什么呢？"富翁眼珠子一转，计上心来，说道："既然有五只狗，肯定要有狗住的地方啊！你这幅画上少了我的豪华狗屋，没能全面地展现出狗幸福快乐的生活。"画家当然知道富翁是在故意刁难他，当即面带不悦地说："好吧，我把画作改动改动，两三天就给你。"说完，不等富翁发表意见，画家就带着画作离开了。

两天之后，画家带着修改好的画作再次来到富翁家里。他打开画作给富翁看，富翁瞪大眼睛观看画作，突然惊讶地问道："画上虽然多了狗屋，但是，我的狗怎么少了两只？"画家面带微笑，不卑不亢地回答："尊敬的先生，此时此刻我们都在盯着狗看，所以有两只狗害羞，躲进狗屋里了。等到您把画挂在墙上之后，那两只狗看到没人盯着它们，自然会从狗屋里出来的。人都不愿意被盯着看，更何况是狗呢？好了，您现在可以付钱了吧！"

富翁想要克扣画家的费用，因而故意挑剔画家少画了狗屋，画家看穿了富翁的心思，当即提出对画作进行修改。他带着只有三只狗的画作来到富翁家里，面对富翁的质疑，他的回答很不符合逻辑，但是恰恰是这样的回答，给予了富翁前面不

辩论的语言

合理要求以反击。在得到画家这样的回答后,富翁想到自己此前对画家的故意刁难,因而只能吃下哑巴亏,无法反驳画家。

采取以谬制谬的方式,不但能够营造幽默的辩论氛围,而且能够于无形中消除尴尬,最重要的是能够征服他人,使他人无法反驳。因而,当遇到类似的情况时,我们一定要积极地尝试以谬制谬,这样才能如愿以偿地赢得辩论,征服他人。

第五章 发挥幽默，嬉笑怒骂谈笑风生是艺术

幽默与风趣，必须兼得

在辩论中，目的在于制人，而不制于人，因而一定要掌握主动权。辩论的形势瞬息万变，只要一步占据主动，往往能够步步占据主动。反之，一旦一步落后，那么则很有可能步步落后。正是因为如此，在辩论中占据主动才显得尤为重要。

发挥幽默，循序渐进地引导对方，能够帮助我们兵不血刃，就在辩论中占据主动。这一则是因为幽默能够营造愉悦的氛围，使对方放松警惕，二则是因为幽默还能表现出我们的风趣，使对方发自内心地接受我们。尤其是在日常生活中想要说服他人时，如果能够兼具幽默与风趣，则能使说服的力量大大增强。

每个人都想以最直接的方式迅速达到赢得辩论的目的，那么就要做好充分的准备，既要事先设想好语言陷阱引导对方进入，也要根据实际情况提出备选方案，从而让对方只能选择预定的最佳方案。这样一来，辩论者就能实现预期的目的。在坚持这么做的过程中，我们还会有更大的回旋余地，因而进退自如。

辩论的语言

学会模糊表达，发挥语言艺术

在辩论中，如果毫不掩饰地表态，或者无所顾忌地直抒胸臆，很容易导致自己陷入被动。为了避免这种情况发生，不妨学会模糊表达，这样可以发挥语言的艺术效用，营造非同寻常的幽默氛围。

不仅是在辩论中，在其他各种类型的沟通中，模糊表达也同样是不可或缺的。尤其是在面对很多尴尬的话题，或者无法正面回答问题的情况下，模糊表达既能够让对方领会我们的意思，也能够避免双方难堪，可谓一举两得。在运用模糊表达时，还可以采取踢皮球的方法，把难题踢给对方。由此一来，我们就不会因为正面回答问题而被对方发现破绽或者抓住把柄。俗话说，言多必失，正是这个道理。

例如，在两家企业的谈判中，针对某一项利益纠纷，双方谈判代表各不相让，谈判始终处于胶着状态。这个时候，甲方询问乙方："你们始终不愿意正面做出承诺，这是否意味着你们对于双方的合作并不看好？"乙方顺水推舟，回答道：

第五章 发挥幽默，嬉笑怒骂谈笑风生是艺术

"事实是，我们从未这么说，不过你有权利对此做出你的理解。"显然，乙方虽然始终致力于推动谈判，却临时改变了想法，对于双方的合作态度悲观。在这种情况下，乙方又不好贸然否定双方此前做出的努力，因而采取含糊其辞的表达方式，把难题踢给甲方。由此一来，甲方无法抓住把柄指责乙方，且只能主动提出终止谈判。就这样，乙方把责任推得干干净净，也达成了他们的目的。

在辩论中，每个人都渴望能够获胜，那么就该知道幽默的表达方式必不可少。幽默，虽然不像针锋相对的表达那样具有强大的力量，但是却能够以委婉的方式表达我们的期望，提出我们的条件，摆明我们的要求。与此同时，还能避免因为咄咄逼人而招人厌烦。

以模糊的语言表达自己的要求或者阐述自己的条件，不仅可以运用在日常生活的沟通中，也可以运用在正式的谈判场合。只要运用得当，就能起到良好的作用和效果，甚至能扭转谈判的局势。

在美国，巴斯四兄弟的大名无人不知，无人不晓，这不仅因为他们都是商业奇才，也因为他们都很擅长辩论，被人称为辩论的奇才。其实，巴斯四兄弟之所以能在很多重大辩论中

获胜,是因为他们能言简意赅地提出条件,也留出充分的时间给对方全面思考。

1981年,巴斯兄弟想购买因经营不善而面临破产的皮尔公司。对此,他们并没有直接表明想要购买的意愿,而是在皮尔公司的董事局会议上表达了相反的意思,他们说道:"你们可以试试,也许能找到更好的买家。"不仅如此,他们还主动提供了那些对皮尔公司感兴趣,也有意向购买皮尔公司的买家。在做完这一切之后,巴斯兄弟又说:"你们最好和所有买家都接触一下。如果觉得他们提出的条件都不合适,再来找我们就好。"最终,皮尔公司尝试着走每一条路都失败了,只能心甘情愿地接受巴斯兄弟给出的购买条件。

在收购皮尔公司的重大谈判中,很多公司既想要购买皮尔公司,又想竭尽所能为自己争取到更大的利益,因而导致谈判进展艰难。巴斯兄弟采取的谈判策略显然不同,这是因为他们具有高超的谈判水准和屡试不爽的谈判技巧。

在谈判中,与其步步紧逼,使人如临大敌,不如适时后退,给予对方更大的空间充分思考。等到再次面对面谈判时,我们就已经占据了优势地位,也就掌握了主动。有些人担心模糊语言会影响沟通的效果,其实这样的担心是多余的。在世界上，并非所有事情都是特别清晰的。很多事情都介于黑白与对错之间，处于模糊地带。我们要认识到，模糊语言一直都存在，并不会影响我们与他人之间进行感情和思想的交流。

通常情况下，辩论的语言要清晰准确，不能模棱两可。但是，在特殊情况下，面对无法直接回答且必须回答的问题，我们就可以运用模糊语言巧妙应对。如此，既避免了咄咄逼人，又能起到预期的作用和效果，同时还能给自己留出回旋的空间，进退自如。

很多小朋友都特别喜欢聪明机智的阿凡提，因为他总是能想出办法惩治恶人，帮助好人。有段时间，阿凡提在理发店里工作，每天都很辛苦才能赚到很少的钱。即便如此，大阿訇依然克扣阿凡提，他每次让阿凡提给他剃头都不给钱。日久天长，阿凡提决定整治大阿訇。

这天，大阿訇来理发了。阿凡提动作娴熟，很快就给大阿訇理完发，接着就要刮脸了。这个时候，阿凡提问大阿訇："尊敬的阿訇，眉毛要不要？""当然要！"大阿訇毫不迟疑地回答。阿凡提说道："好的，马上给你。"话音刚落，阿凡提就剃掉了大阿訇的两道眉毛，并且放在大阿訇的手里。大阿訇被气得七窍生烟，却忌惮阿凡提拿着的刀子，因而不敢吭声。

辩论的语言

这时，阿凡提又问："尊敬的阿訇，你要不要胡子？"大阿訇吸取了眉毛的教训，赶紧改口说道："不！不要！"阿凡提连声说好，手起刀落，剃掉了大阿訇的胡子。大阿訇气得火冒三丈，质问阿凡提为何要剃掉他的胡子，阿凡提说："是你自己说不要，我才剃掉的。"大阿訇心知肚明阿凡提是在整治他，却无言以对，只好吃了闷亏。

在这个故事中，阿凡提使用模糊表达的方式。第一次，他问大阿訇要不要眉毛，大阿訇回答要的意思是要留下眉毛，阿凡提故意曲解大阿訇的意思，把眉毛剃掉放在大阿訇的手中。第二次，他问大阿訇要不要胡子，大阿訇生怕阿凡提又剃掉他的胡子，因而赶紧回答不要，阿凡提把不要理解为需要剃掉，因而又剃掉了大阿訇的胡子，使大阿訇整个面部变成了光溜溜的土豆，苦不堪言。

在使用模糊语言表达时，我们也可以学习阿凡提利用某个字的多重意义施展计谋，从而达到目的。当然，最好不要以这种方式捉弄他人，否则就会导致事态恶化。在使用多义字时，一定要把握合适的限度，这样才能发挥语言的艺术。

以含蓄的方式表达幽默

在辩论中，声东击西法是一种幽默的技巧，能够起到含蓄迂回的作用。尤其是在想要反驳对手或者回击对手时，声东击西法是效果显著、力道很强的。

具体来说，声东击西法有很多种方式，例如明修栈道、暗度陈仓、敲山震虎、指桑骂槐、似是而非、含沙射影等。在不同类型的辩论中，如果我们能够巧妙地运用声东击西的幽默技巧，那么就能产生非常强烈的幽默效果，这大大提升了我们在辩论中取胜的可能性。

在辩论中，我们要根据实际情况，有的放矢地采取声东击西法。与直接表达相比，这样的表达方式将会起到更好的效果。需要注意的是，因为声东击西法把更深层次的意思隐藏在所说的话里，所以必须给予对方一定的时间思考，对方才能领悟我们更深的意思，也才能体会其中的奥妙。在对方恍然大悟、如梦初醒的那一刻，幽默的效果也就得以呈现。

作为真正幽默的辩论者，深知辩论不是一个人的独角戏，

辩论的语言

而是双方借助于语言进行的精彩交锋。为此,他们不但善于表达,而且具有很好的领悟能力,能够觉察到对方隐藏在语言之下的幽默意味。唯有如此,他们才能与对手以旗鼓相当的实力,你来我往,奉献一场精彩的辩论。

在声东击西的各种方法中,正话反说的使用频率最高,效果最好。所谓正话反说,就是真正想表达的意思与字面上肯定的意思相反。

谈笑风生间，消除他人疑虑

有人误以为辩论就是面对面地进行口水战，其实不然。在任何类型的辩论中，面对面的唇枪舌剑固然重要，外围战也是同样重要的。

古人云，知己知彼，百战不殆。确切来说，辩论战的外围战就是预先沟通信息，联络感情，采取必要的手段对对手施加影响。外围战作为正式辩论战的补充，作用不容小觑。

此外，很多深谙幽默之道的人还很善于装傻充愣，这样就能避开对方的锋芒，也避免与对方针锋相对。装傻充愣的方式很简单，例如假装没有听清楚或者根本没听见对方说了什么，也可以假装没明白对方的意思。这样能够中断对方的攻势，削减对方的辩论兴趣，或者是打击对方的辩论气焰，从而兵不血刃就战胜对方，也在无形之中给予对方真正致命的反击。

很多辩论高手都特别善于装傻充愣。需要注意的是，在一些复杂的场合里，装傻必须进行聪明的注脚，才能帮助我们扭转局势，赢得胜利。否则，只是发挥最基本的装傻能力，是很难如愿以偿获胜的。

　　装傻充愣,并非真的傻,而是大智若愚的表现。装傻的人有更大的空间回旋,也能够寻找台阶,从而消除难堪和尴尬。此外,装傻的人还可以明知故问,或者假装不知情,这样就逼着对方不得不再次进行阐述,从而抓住对方的漏洞进行反击。装傻充愣离不开高超的演技,因为只有真正骗过对方,才能赢得辩论。

迂回曲折抵达正题

人们常用"顾左右而言他",来形容那些揣着明白装糊涂或者说话故意弯弯绕绕的表达。在辩论中,顾左右而言他也是幽默技巧之一。通常,在刚刚开始辩论时,辩手就会运用这种方式进行你来我往的幽默辩论。这是因为大家都知道不能刚刚碰面就真刀真枪地进入实质性辩论,而是要以辩论独有的方式"寒暄",这样才能以轻松的言语为辩论热场。

在某些情况下,当在辩论陷入僵局时,不妨采取顾左右而言他的技巧,运用幽默力消除尴尬、化解难堪,也稳定双方的情绪,营造轻松愉悦的氛围。由此一来,我们便能占据主动,为接下来的辩论奠定良好的基础。

顾左右而言他除了可以迂回曲折抵达正题之外,还可以委婉地提问,同样能够起到幽默的效果。所谓委婉地提问,一则要使用委婉的方法,二则要使用委婉的语气,三则要把握合适的时机和场合。即使不了解对方,也可以先虚设一问,从而探明对方的虚实和真假。等到探明对方之后,再采取相应的策

辩论的语言

略应对，就会大大提升辩论成功的概率。真正优秀的辩论者，既巧言善辩，也工于心计，所以才能在辩论桌上发挥语言的艺术，运用幽默的能力，与辩论的对手进行较量。

需要注意的是，使用顾左右而言他的幽默辩论技巧，一定要密切关注对手的态度。具体来说，要观察辩论对手的表情、眼神、手势、肢体动作等是否有变化，这些变化都能微妙地表现出辩论对手态度的变化。例如，在谈判场合里，如果对方原本是正对着我们坐着，却突然调整身体的方向，身体朝着出口倾斜，那么我们一定要敏锐觉察到对方也许想尽快结束谈判，或者对谈判感到厌烦。有些情况下，对方未必是有意识地做出这些改变以给我们传递信息，而是在潜意识的驱使下做出改变。如果说对方有意识释放的信号是在运用谈判的技巧给我们施加压力，那么对方无意识做出的改变和释放的信号，则表现出他们自己都不曾觉察的心思和意图，这是更加值得重视的。再如，在交谈中，如果对方双臂环抱胸前，那么则意味着他们很警惕，想要拒人于千里之外，或者对我们心怀戒备。在这种情况下，最好不要直接切入主题，而是要以寒暄的方式说一些无关的轻松话题，直到营造良好的气氛之后，再寻找合适的机会切入主题。这才是明智之举。总而言之，谈判不仅仅是语言的较量，而是需要全身心投入的多方面较量。

学会自黑，才能化解尴尬

自嘲，是一种高级的幽默技巧，可以表现出自嘲者博大的胸怀和宽广的胸襟。周国平曾经说过，自嘲就是俯视自己的弱点，宽容自己的弱点，最终把自己与弱点分离开来，凌驾于弱点之上，从而获得优越感。通常情况下，自嘲者都是不甘平庸的，所以才会从高处俯瞰自己的弱点，与此同时他们也是宽容豁达的，所以才能超然物外。

有人误认为自嘲是缺乏自信的表现，这样的观点大错特错。事实证明，只有那些充满自信的人才敢于自嘲，因为唯有充满自信，人们才敢于以自己的生理缺陷、失误和不足进行自黑。以此为前提，他们发挥聪明才智，把话题引申开来，最终做到自圆其说，化解尴尬，使身边的人都忍俊不禁哈哈大笑起来。

自嘲，不同于自我贬低。自嘲，是以落落大方、不卑不亢的方式自曝短处、自陈过错，从而赢得他人的宽容和谅解，与他人之间建立良好的关系，也营造和谐融洽的氛围。每个人都是独特的生命个体，对于自我的认知是不同的，所经历的人

辩论的语言

生和正在经历的场合也是不同的。这就意味着每个人自嘲所起到的作用和效果是不同的。在激烈的辩论中,如果辩论者能够恰到好处地运用自嘲,就能掩饰自己的尴尬和失态,从而表现出自己从容不迫的气度和良好的修养。如果是在公开的场合里进行自嘲,那么还能活跃现场的气氛,消除他人的尴尬,赢得听众的欢心。

有一次,著名主持人杨澜在外地主持节目时一不小心摔倒了,现场非常尴尬,观众们都屏住呼吸,不知道该作何反应。对此,杨澜气定神闲地站起来,以轻松的口吻说道:"和接下来的舞狮节目相比,我的翻滚动作简直是小巫见大巫,不值一提。"观众们全都发出善意的笑声,杨澜以一句自嘲成功缓解了尴尬。

拿破仑曾经说过,如果一个人懂得幽默,善于自嘲,那么很容易就能赢得他人的喜爱。反之,如果一个人总是满怀悲愤,那么就会无视身边欢乐的海洋。古今中外,很多伟大的人物都深谙幽默,也善于自嘲。

苏格拉底就很懂得自嘲。相传,苏格拉底的妻子是不折不扣的悍妇，经常会对苏格拉底大发雷霆。对此，苏格拉底自嘲道："娶妻悍妇好处多多，既能增强修养，又能锻炼忍耐力。"

有一次，苏格拉底的老婆又怒不可遏地大吵大闹，不管苏格拉底如何安抚都不肯善罢甘休。无奈，苏格拉底只好离开家"避难"。他刚刚走出家门，他的老婆就从楼上倒下一盆水，把他浇成了落汤鸡。换作别人，一定会因此咆哮怒吼，甚至冲上楼去与妻子扭打起来。路人都驻足，看着狼狈不堪的苏格拉底。即便如此，苏格拉底依然表现出良好的修养。他微笑着说："我就知道，打雷之后会下雨，果不其然！"围观的人们被苏格拉底逗得哈哈大笑，他们非但没有因此嘲笑家有悍妻的苏格拉底，反而都很佩服苏格拉底的气度和修养。

如果把辩论理解为一场唇枪舌剑，那么我们自然要以饱满的情绪慷慨陈词，这样才能表现出强大的气势，以压倒对方，使对方打乱阵脚，无从应对。然而，并非所有的辩论都弥漫着无形的硝烟。为了营造辩论的良好氛围，我们不妨使用调侃术，这样就能在谈笑风生间与对方一决高下，与此同时还能维持与对方的良好关系。在日常生活和工作中，在与身边的家人、朋友、同事展开辩论时，我们要始终不忘初心，不要一旦

辩论的语言

投入辩论就忘记了自己与对方的关系,也忘记了自己与对方争辩的目的。有位名人曾经说过,如果因为赢了争辩而失去了朋友,那么无疑是得不偿失的。所以,在日常的辩论中,我们要始终坚持初心,坚持共赢,维持和谐。

在美国的历任总统中,林肯作为第十六任总统,无疑是极富幽默感的。他很善于自嘲,哪怕是在雄辩时,也会游刃有余地以自嘲的方式达到目的。在黑奴的解放运动中,林肯与道格拉斯产生了争执。道格拉斯是美国著名的作家,也是废除奴隶制度运动的领袖,可想而知他是很善于辩论的。他与曾经从事律师行业的林肯棋逢对手,他们的辩论非常精彩。

道格拉斯指责林肯是两面派。林肯和其他人一样知道自己相貌丑陋,为此,他灵机一动反驳道:"我们不妨让现场的观众们评评理,我可真不是两面派。因为如果我真的还有另一副面孔,它总不至于比我现在的这副尊容更丑陋,所以我有什么理由继续戴现在的这副面孔呢?"林肯话音刚落,现场的观众们和道格拉斯都忍不住哈哈大笑起来。

林肯作为美国总统,虽然在美国拥有很高的地位和至高无上的权力,在世界政坛上也是举足轻重的重要人物,但是他却常常置身于政治漩涡中,也常常会被别有用心的人以语言攻击或者刁难,更是随时都有可能面对各种突发事件和棘手问题。一旦不能妥善地处理，林肯就会陷入尴尬之中，被对手以此大做文章，导致自己威名扫地。为此，林肯必须时刻保持随机应变的状态，以从容的姿态和幽默的语言应对各种复杂的情况，帮助自己摆脱各种尴尬的局面。正因如此，林肯才会练就自嘲的高超本领，以豁达的态度面对自己的弱点和要害，也以从容的姿态展现自己的自信和笃定。

在辩论中，一旦被对方调侃或者攻击，与其仓促地组织语言进行反击，不如以退为进，以自嘲的方式表现出自己十足的自信和强大的内心。自嘲，是把幽默的主客体融为一体，是以自我调侃的方式变被动为主动，以便主动创造幽默的气氛。

第六章
临场迎战，随机应变、机智活泼是关键

在辩论中，随机应变的能力至关重要，要求辩论者必须具有灵活的思维。辩论是瞬息万变的，原本看似明朗的局势很有可能因为一句话就发生改变。尤其是当遇到擅长诡辩的对手时，辩论者更是需要调动大脑快速思考，这样才能及时做出有效的应对，让自己保持优势，占据主动，直至获得成功。

辩论的语言

辩论瞬息万变，以辩应变

在辩论中，每个人都要学会应变，才能占据主动，保持优势地位，从而掌控事态的发展，实现预先设定的目标。对于辩论者而言，外界的情况同样是会发生变化的，尤其是在变化突如其来时，辩论者一定要迅速做出反应，这样才能巩固辩论的防线，也才能及时有效地摆脱被动的局面。

具体来说，辩论中的随机应变主要有以下两方面作用。第一个作用，帮助辩论者保持主动地位；第二个作用，帮助辩论者变被动为主动。对于每一位辩论者而言，辩论的终极目的是保持主动地位，在辩论中获胜。从某种意义上来说，真正充满智慧的人都很善于随机应变。需要注意的是，人并非天生充满智慧，只有学习和掌握应变的方法，才能做到随机应变。

通常情况下，随机应变指的是面对不利于自己的形势采取相应的对策，从而掌控局势。每个人既要具备充足的知识和相应的能力，又要培养和提升自己的心理素质，才能真正做到随机应变。一个人如果既缺乏知识，又没有能力，而且心理素

第六章 临场迎战，随机应变、机智活泼是关键

质很差，那么一旦面对危急的情况，就会手忙脚乱，惊恐不安。在辩论中，或者是在谈判中，面对实力强劲的对手，我们更是要灵活应对，以不同的战略战术面对不同的敌人。

问句，是辩论的绝密武器

问句，是辩论的绝密武器。只要能够恰到好处地提问，辩论者就能引导对方，使对方处于被动状态，也能获得主动权，掌控辩论的局面。在辩论中，发问是特别重要的技巧之一。发问是有前提的，即要认真细致地分析对方的论点，从而精准找出对手论点的致命弱点，这样才能有的放矢地针对对手的弱点发问，不仅引导对手渐渐地走向不利于自己的局面，也在很大程度上掌控了辩论的结局。

提问本身就是重要的辩论方式之一。在分析辩论的不同情况之后，我们可以采取以下的方式进行提问。

第一种，普通提问。所谓普通提问，就是一般性提问，目的在于获取信息。

第二种，引导性提问。顾名思义，引导性提问的目的是引导谈判的内容和节奏。具体来说，引导性提问以提出新问题的方式，让谈判朝着预期的方向发展，继而涉及有关的内容。在谈判中，有些引导性提问的暗示性特别强，只差表明希望对方与我们达成一致，但是又不能直截了当地要求对方给出我们想要的回答。在这种情况下，采取引导性提问的方式，将会最大限度引导对方的思路。

第三种，借助他人的身份提问。顾名思义，这种提问方式是以第三者的身份提出来的，也有可能是在转述第三者的意见。大多数人之所以采取借助式提问的方式，一则是为了方便沟通，委婉表达，避免直接发表意见的尴尬；二则是为了借助权威人士之口，增加语言的分量，也增强自身的说服力。

第四种，解释说明性提问。针对对方进行的辩论，或者提出的问题，我们可以以得到对方的解释说明为目的，向对方进行提问。有的时候，为了求证自己对对方所言的理解是否正确，我们也可以进行提问，以起到验证的作用。例如，我们可以复述对方的话，然后询问对方是否想表达这样的意思。

总之，通过提出各种类型的问题，我们才能持续推进辩论的进程。如果没有提问，辩论就会成为平铺直叙，既缺乏节奏感，也显得不够精彩。在辩论中，我们一定要有意识地运用提问的方式，给对方施加各种压力，还能由此引出新话题。

辩论的语言

把话说得好听

在辩论中,只顾着唇枪舌剑显然不行,还要善于美化语言。高明的辩论者深谙此道,他们通过认真观察,能够及时捕捉到对方的心理变化或者是情绪变化,从而随机应变,调整自己的语言表达方式,也调整自己的情绪状态,这样才能争取占据主动,把那些不利于展开辩论的因素,转化为有利于展开辩论的因素。

俗话说,一句话说得人笑,一句话也能说得人跳。可见,对于同样的内容,以不同的语言表达出来,所起到的效果是截然不同的。

乾隆在位时,通州胡长龄高中状元。乾隆看到胡长龄才华横溢,又相貌英俊,因而当即想道:"若是能把此人招为驸马,那就太好了。"为此,乾隆授意担任主考官的王御史试探胡长龄是否愿意当驸马,不想,胡长龄当即以家里有结发妻子为由谢绝了。得知此事,乾隆未免有些愠怒,想道:"好你个

第六章 临场迎战，随机应变、机智活泼是关键

胡长龄，多少人想当驸马都当不上，现在我好意让你当驸马，你却想都不想就拒绝了。既然如此，就让我看看你口中的发妻究竟是怎样的人物，居然让你如此不离不弃！"

很快，乾隆下了圣旨宣胡氏进京。这一天，胡氏来到皇宫拜见乾隆。只见她穿着蓝色的上衣和青色的粗布裙子，虽然作为村妇第一次进宫，但是她却落落大方，不卑不亢。在跨越大殿门槛时，胡氏略微撩起裙角，说道："村妇的裙子粗糙，不要玷污了皇上的金槛。"乾隆闻言感到很诧异，他没想到胡氏作为村妇居然如此大胆，且懂得礼仪。因而，乾隆仔细地打量着胡氏，发现胡氏皮肤黝黑，相貌普通，身材粗壮，尤其是一双大脚更是令人惊奇。乾隆不假思索地说："这双大脚天下无双，男子的脚也不可及。"

在封建社会，绝大多数女子都裹着三寸金莲，因而偶有大脚女子都会因为大脚而感到羞愧。虽然被皇帝嘲笑，胡氏却面色平静地回答："脚大胜似舳舻履惊涛。"乾隆不服气地问："那么，朕宫中的各位嫔妃都是金莲小足，都不如你的大脚好吗？"胡氏从容地回答："足小宛若画舫过浪尖。"乾隆何其聪明，当然知道胡氏是在说三寸金莲不好，但是胡氏心思敏捷，口才高超，令乾隆无法当面怪罪胡氏。相反，乾隆很佩服一个村妇居然有这样的才学和胆识，因而吩咐下人奉上茶水招待

💬 辩论的语言

胡氏。

胡氏也不假客气，当即端起茶水喝了一口，吟道："饮啜香茗遥念故乡水。"乾隆听到胡氏思乡心切大为感动，因而传令宫女为胡氏接风洗尘。得到乾隆的盛情款待，胡氏继续说道："食俸皇粮当思耕夫辛。"这句话使乾隆更加佩服胡氏，因而决定与胡氏对对联。

乾隆说："远闻通州出才子。"

胡氏对："近观皇宫多佳人。"

乾隆说："冠授官，官戴冠，官被冠管。"

胡氏对："仁教人，人压仁，人受仁欺。"

至此，乾隆特别钦佩胡氏。他兴致勃勃地挥毫泼墨，亲笔书写"翰墨竹梅"，并且命令工匠把这四个字刻成牌匾，赠送给状元夫妇。这是至高无上的荣誉，也是乾隆皇帝对状元发妻胡氏的认可和尊敬。

胡氏明知道胡长龄中了状元，她的地位岌岌可危，却依然不卑不亢地来到皇宫拜见乾隆皇帝。她妙语如珠，扭转了不利于自己的局势，使自己从被动转化为主动，最终非但没有被乾隆苛责和刁难，反而赢得了乾隆皇帝的认可和钦佩。这就是妙口回春的魔力。

第六章 临场迎战，随机应变、机智活泼是关键

通常情况下，辩论是以唇枪舌剑的形式展开的，目的在于说服对方。这就要求辩论语言必须简洁凝练，符合逻辑，能够说服对方。具体来说，辩论语言要具备以下特点。

首先，符合逻辑。只有符合逻辑，我们才能提出立得住的论点，也才能从论点出发构建理论框架。因而，符合逻辑是赢得辩论的关键所在。

其次，辩论的本质是较量知识与智谋。既然如此，就要充分运用知识和智谋，以透彻分析辩论的题目为前提，寻求机会突破对方的理论防线，从而提出新的概念，削弱对方辩手的攻击力。从这个意义上来说，辩论要有创新性，而切勿人云亦云，盲目跟风。

再次，在辩论中，一旦陷入逻辑的死胡同，或者无法在理论上寻求突破，那么就可以采取李代桃僵的方法辩论。具体来说，就是提出新的概念作为掩饰，从而隐藏己方的关键性概念，进而避免被对方攻击。施展李代桃僵战术的关键在于，提出新概念与对方斡旋，巧妙地隐藏己方理论中的很多重要概念，从而避免遭到对方的攻击。这样一来，我们就能转化被动为主动，也能寻找机会彻底扭转局面，直至取得决定性胜利。

最后，辩论要有描述性。在立论的过程中，我们作为辩

手必须给概念下定义,这也是澄清立场、明确观点的重要方式。需要注意的是,我们无须明确定义每一个概念,否则就有可能被对方抓住把柄进行攻击,也有可能使己方失去回旋的空间和余地。所谓言多必失,在辩论的描述性方面得到了呈现。在很多情况下,越是细致地阐述定义,越是会暴露出更多的问题,从而导致自己陷入被动。高明的辩论者在对基本概念和立场进行阐述时,会有选择地明确一些内容,也会有意识地隐藏一些内容。例如,他们会避重就轻地从现象的角度描述概念,也会从同义的角度反复描述概念。举例而言,温饱,就是饱食暖衣。这句话实际上是对温饱的重复,而并没有做出实质性的解释,但是却又阐述了温饱的概念,且避免授人以柄。在立论阶段简要描述论点,等到后面的辩论阶段再对温饱的定义进行说明和补充,这是非常讨巧的做法。

总之,在辩论中,立论的方式多种多样,要根据现实的情况灵活决定采取哪种方式立论。在立论时,我们可以选用上述的战术,也可以选用上文没有列举的战术。不同的辩论因素,决定了辩论的独特性,针对每一场独特的辩论,我们都要做到随机应变,因人而异,也因辩论的各种因素而异。但是,无论辩论的各个要素怎么变化,把话说好都是最基本的辩论要求。如果我们也能像胡长龄的结发妻子那样不卑不亢地说好每一句话，且善于美化所说的话，那么我们距离辩论成功就会更进一步。

辩论的语言

乘胜追击，百战不殆

在说服他人的过程中，根据说服对象的不同，也根据具体的情况不同，我们不能总是口无遮拦地表达。否则，一语不慎就会得罪他人，甚至导致我们与他人的关系彻底破裂。显然，这非但不利于实现说服的目的，反而会导致事与愿违。在日常生活和工作中，每个人都要与身边的人搞好关系，尤其是对于工作中的上司和同事，难免需要合作，就更是要谨言慎行，确保说好每一句话。

当然，要想实现这一点并不容易。俗话说，祸从口出。很多人还没来得及想清楚如何说，就已经把话说了出去。当意识到说错话的时候，又因为说出去的话如同泼出去的水一样收不回陷入被动。为了避免这种情况发生，我们不妨少说多听，在听的过程中采取步步追问的方式，引导对方的思路，掌控辩论的局面，最终实现沟通的目的。

齐宣王在位时，并不懂得如何治理国家，导致国力衰弱，

第六章 临场迎战，随机应变、机智活泼是关键

民生困苦。为此，孟子采取步步追问的方式批评了齐宣王，最终引导齐宣王领悟他的真实意图。接下来，就让我们看看孟子是如何与齐宣王沟通的。

孟子问道："假设您有急事必须亲自去楚国，不得不把妻儿托付给朋友帮忙照顾，但是等您从楚国回到齐国时，却发现妻儿都在忍饥挨饿，忍受寒冷，并没有得到妥善的照顾，那么，您会如何对待您托付的朋友呢？"

齐宣王不假思索地回答："我会马上与他绝交。"

孟子继续问道："在我们的国家里，如果负责管刑法的长官纵容下属，那么您认为应该如何处置他？"

齐宣王回答道："当即撤职。"

孟子再次提问："对于一个国家而言，如果政治混乱，您认为该如何处理？"

齐宣王无言以对，只好尴尬地转移话题。

在这个历史故事中，孟子先是以假设为前提进行提问，齐宣王不假思索地就给出了回答，因为这个假设的问题和他没有关系。继而，孔子以负责管理刑法的长官失职，没有管理好自己的下属为前提提问，齐宣王也直接给出回答。在很快回答了前两个问题之后，对于第三个与齐宣王密切相关的问题，齐

> 辩论的语言

宣王却无言以对了。

其实,孔子是以前两个问题作为铺垫,消除齐宣王的戒备心理,又在齐宣王很快回答了前两个问题之后,提出了第三个问题,这使得齐宣王无法推翻自己前面的回答,也就无法怪罪孟子。如果孟子不曾提出前面两个问题让齐宣王回答,而是直接提出第三个尖锐的问题质疑齐宣王,那么齐宣王必然勃然大怒,甚至还会下令惩治孟子。使用步步追问的方式,孟子既保全了自己,也对齐宣王提出了犀利的问题,使齐宣王明确意识到孟子提问的真实意图,可谓一举两得。

当然,孟子的前两个问题并非是毫无关系的,只是看似与第三个问题无关而已。实际上,前两个问题也关系到如何治理国家,这对于引导齐宣王进行自我反思是很有帮助的。

在使用步步追问的方法引导和说服他人时,切勿急功近利,一定要避免把追问变成逼问或者质问,否则就会激发起对方的逆反心理,使对方越来越抗拒。不仅要巧妙设置问题,也要不动声色地追问,还要观察对方的态度和反应及时进行调整,才能起到最好的效果。

第六章　临场迎战，随机应变、机智活泼是关键

不动声色，不露痕迹摄人心

在与人争辩时，要想说服他人接受和认可我们的观点，重点在于要不露痕迹地把我们的观点灌输给他人。从心理学的角度来说，没有人愿意改变自己的想法，接纳他人的想法，因而说服他人的关键在于不要引起他人的戒备心理，而是要打动他人的心。

很多人还没正式开始说服他人，就已经表现出一副不可一世、高高在上的模样，自然无法顺利地与他人沟通。这样的说服或者是沟通，难逃还没有开始就已经结束的厄运。

要想不动声色地打动他人，不露痕迹地巧摄人心，我们就要做到以下几点。

第一点，认真倾听。有些人误以为真正的沟通始于主动表达，其实真正的沟通始于认真倾听。尤其是面对缺乏了解的沟通对象，我们一定要先想办法让对方吐露心声，才能有针对性地做出回应。大多数人都喜欢倾诉，因而，我们只有先满足他人倾诉的欲望，他人才会耐心地听我们说。在倾听的过程

中，为了表现出认真的态度，我们还可以尝试着询问对方能否再次陈述意见，或者是询问对方是否还想说，这都会给对方留下好印象。如果没有听清楚对方的意思，还可以表述自己所理解的内容，向对方求证。相信对方在听到我们的精准表述时，一定会对我们产生好感，也愿意继续与我们交谈。

第二点，面对他人的提问，很多人都会不假思索地回答，误以为回答的速度越快，越是能够表现出倾听之认真和态度之重视。其实不然。尤其是在受到质疑时，即刻答复从来不是明智的做法。不管对方是在提问，还是在质疑我们，我们最好先观察对方的面部表情，等到片刻之后再进行答复。这样一则能够满足对方渴望受到重视的心理，二则能够表明我们回答问题是很慎重的。需要注意的是，间隔的时间要适宜。间隔时间太长，会让对方误会我们不想回复；间隔时间太短，则会让对方误会我们不够慎重。特别是在必须反对对方的情况下，切勿当即说出反对的话，否则就会让对方觉得受到侮辱，认为我们压根没有认真考虑他们的想法。

第三点，完胜对方不可取。大多数人都好胜心强，因而一旦参与争论，就无法听进去任何他人的想法，坚持认为自己的想法是绝对正确的，坚定不移地指责和否定他人的想法。由此一来，争论只会越来越激烈，而永无达成一致的时刻。事实

第六章 临场迎战，随机应变、机智活泼是关键

告诉我们，不管是在哪种类型的争论中，每个人的意见都不可能绝对错误或者绝对正确。因而，我们既要看到他人想法的错误，也要看到他人想法的正确。当我们不再全盘否定他人，而是怀着理性的态度认可他人的某些意见时，那么我们就能够在特定的方面与他人达成一致。每个人都愿意对对自己好的人示好。出于这样的心理，在我们做出让步，认可对方的前提下，对方也会对我们的某些意见或者观点予以让步。由此一来，我们与对方就有更大的可能达成一致。

第四点，有理不在声高，温言细语更容易被接受。很多人脾气暴躁，一旦开始与人争论，就会不管不顾地大声喊叫，甚至斥责对方。我们要时刻牢记，争论的目的是达成一致，而非反目成仇。既然如此，我们就要理性地参与争论，而切勿因为一时冲动就感情用事。如果因为争论而失去朋友、同事的支持，这显然得不偿失。在争论的过程中，对于那些客观存在的事实，我们要以平静的语气进行阐述，最好不要掺入太多的主观感情。记住，我们首先要摆出谦逊的态度，对方才愿意听取我们的意见。

在各种类型的辩论、谈判中，一句话说得好就能改变人的思想和行为，一句话说得不好也会当即使人的思想和行为产生动摇。作为高明的辩论者，一定要深谙人的心理，也要把握

辩论的语言

高超的语言表达艺术，掌握有效的辩论技巧，懂得倾听，不全盘否定，怀着理性、平静的态度，才能不动声色、不露痕迹地打动人心，也才能在辩论中赢得胜算，获得成功。

第七章
避开误区,让辩论消除阻碍步步为营

在辩论中,很多人都会犯一个错误,即把卓有成效的和富有建设性的语言,演变成恶意的诽谤。要想让批评起到说服的作用,我们固然可以在辩论中加入批评,却务必让批评只起到建设的作用,而避免破坏的作用。这意味着我们要明确限定批评的目标,清晰解读批评的本意。

辩论的语言

辩论切勿过于简单

辩论，切勿过于简单。虽然通常情况下我们要把复杂的事情简单化，但是对于辩论而言，这一点并不完全适用。因为并非所有的辩论都能开门见山，直截了当。如果说简化是帮助人们更好地理解，那么过于简单则会阻碍人们更好地理解。

一般情况下，我们之所以简化某些事物，目的是专注于这些事物的某些方面，而不被这些事物的其他方面分散注意力。例如，在简化的前提下，我们为已经拥有的材料建立结构和形式。但是，这并非在所有情况下都完全适用。例如，一旦过于简化，我们就无法抓住重要的信息和背景；一旦过于简化，我们就会对于复杂因素的存在难以觉察。

辩论过于简单，还会导致出现逻辑漏洞。对方一旦抓住我们的逻辑漏洞，对我们进行攻击，我们就会处于劣势。在辩论中，辩手必须做到思维严密、条理明晰、逻辑严谨、层次分明，才能步步为营，稳扎稳打地趋向获胜。例如，辩手要以简明的语言阐述清楚自己的论点，也要以简明的语言快速归纳对方的观点，这样才能避免处于被动，或者迷失在对方的语言炮弹中。然而，简明不同于过度简化。辩论者必须善于归纳和总结，才能抓住对方的弱点和要害，有的放矢地打击对方，从而扭转局势使对方陷入被动。

例如，在经济发展领域，有人提出"经济发展，文化才能繁荣"的论点。我们当即就要认识到，这个论点的提出必须以经济发展与文化繁荣之间的逻辑关系为基础才能成立。如果对方从线性的角度对这个论点进行反驳，那么就可以顺势而为，提出"按照这个逻辑，只要发展经济，哪怕不发展文化，文化也会繁荣起来，所以经济发展与文化繁荣之间是可以划等号的"。由此，还可以得出其他的观点，比如发达国家经济发达，文明程度高，而落后国家经济不发达，所以文化发展滞后。显而易见，我们很容易从世界历史中找到证明该观点错误的例证，即古希腊正是在城邦制渐渐走到没落和衰败的过程中，文化发展得越来越繁荣。此外，在18世纪和19世纪，德国的经济发展严重落后于世界上其他一些国家，但是这并不妨碍德国的哲学繁荣昌盛，在世界哲学领域起到了重要作用。由此可见，经济发达，文化未必繁荣；经济落后，文化未必落后。因而，对于上述"经济发达，文化才能繁荣"的论点，我们要进行更加细致的阐述，加上必要的前提条件，对其予以限定。

因此，在辩论过程中，辩论者应把握好简化和简单之间的度，做到既能以简明的语言阐述、归纳，又能逻辑严谨，层次分明，如此才能更容易获胜。

不要带有偏见

偏见，对人影响至深，于无形中改变着人们对待周围世界的观点和态度，也会使人产生错误的想法。人是主观动物，很容易受到主观想法的影响，既然如此，就要尽量消除偏见。尤其是在辩论中，偏见更是会影响辩论的结果，甚至影响论点的提出和论证的过程。

从心理学的角度来说，所谓偏见，就是怀有一种先入为主的看法，对于某件事情预先持有赞同或者反对的态度，或者对于某个人预先持有喜爱或者讨厌的态度。当我们认定某个人有偏见，则意味着我们认为对方提出的某些想法和观点一定是有失公平的，或者是错误的，还意味着我们期望对方能够怀着客观公正的态度公开偏见、消除偏见。

从本质上来说，辩论的正方与反方都具有一定的依据，他们并非平白无故地提出自己的论点，进行论证。因而，不管哪一方都不要坚信己方一定是正确的，而是要从逻辑的角度进行深入分析与阐述，从而构建完整的论证过程。要想赢得辩

辩论的语言

论，一味地从己方的角度出发考虑问题是不可行的，高明的辩论者会站在对方的立场和角度上思考问题，进行逻辑推理。因为只有从双方的立场上展开研究，进行逻辑严密的思考，我们才能做到成功地把观点转化为自己的护盾，也运用观点来攻击对方。在进行辩论练习的过程中，不妨把队员们分成两个小组分别从正方和反方的角度进行辩论，这样才能跳出主观意识的局限，火眼金睛地发现问题，未雨绸缪地弥补漏洞。

人类发展至今，依然只能局部认知客观世界，获取有限的信息。所以，某个观点即使被大多数人所接受，也依然会存在偏见。有的人选择沉默不语，有的人选择表达偏见，有的人则怀着偏见攻击他人。总之，不同的人对待偏见有不同的决策和行为，而身处开放包容的世界，哪怕是在辩论中，我们也要主动地反思自身的思想和观点，从而最大限度地消除偏见，让辩论更加平和与客观。

循环论证的奥秘

所谓循环论证，就是笛卡尔提出的环形论证。一个论证想要证明某个命题，却又在论证的前提中暗含了该命题的结论。换言之，正是以假设结论是正确的为前提，循环论证才能证明该结论。又因为循环论证不曾进行合理的推理，也没有提供真正的证据，也不曾提供实质性的理由以证明和支持结论，所以循环论证只在表面上合理。

在辩论中，很多辩论者都会有意或者无意地犯循环论证的逻辑错误，使得辩论对手受到误导，接受仅从表面看起来正确的结论。因而，不管是在进行逻辑思考，还是在进行辩论时，我们都要有意识地避免使用循环论证，从而争取以更加合理且清晰的论证方式，证明自己的观点。

亚里士多德认为循环论证并非逻辑谬误，而是实质谬误。这意味着循环论证并没有实际的意义，在没有找到其他确凿的证据之前，既不是证伪，也不是证实。所以，循环论证作为实质论证，并非与逻辑谬误一样是真正的谬误。只有充满信心的人，才能笼统地指控循环论证，否则一旦开始进行分析，循环论证就会无所不在。只有准确具体地识别循环论证，我们才能深刻地批判循环论证。

在《士兵突击》这部电视剧里，一句台词广为流传，即"好好活就是干有意义的事，有意义的事就是好好活"。这句台词非常符合许三多憨厚耿直的角色设定，也表现出许三多对待生活积极认真和努力的态度。在电视剧热播期间，很多观众都把这句话作为座右铭，以这句话鼓舞和激励自己。从辩论的角度来说，这句话就是典型的循环论证。在这句话里，有待证明的结论被用作前提来证明这个结论，而结论又被用来证明前提。即这两个命题都是需要得到证明的，却又互为前提证明对方。从逻辑的角度来说，循环论证违背了莱布尼茨提出的充足理由定律，思维缺乏论证性，以自己证明自己。

在诡辩中，循环论证的案例很多。其显著特点是缺乏实质性内容，理直气壮地宣告需要论证的内容是正确的，除了语气咄咄逼人之外，并无威力可言。也有些循环论证隐藏很深，是辩者在无意中提出来的，因而能够骗过包括辩者在内的所有人。

17世纪，牛顿受到波义耳定律的启发，创立了古典力学体系，提出了质量的定义。在长达两百多年间，科学界一直广泛运用牛顿的质量定义。1883年,奥地利物理学家马赫开始质疑牛顿提出的质量定义,并且认为牛顿的质量定义在逻辑上陷入了循环论证之中。为此,马赫提出了对质量的全新定义,由此彻底打破了古典力学定义质量的循环论证。

循环论证往往隐藏得很深,所以,要想火眼金睛识别循环论证,要想独辟蹊径打破循环论证,我们首先要有质疑的精神,其次要能够发现循环论证的特点,最后要勇于坚持创新性思考,提出真知灼见。

第八章
辩论口才，助力你彰显与众不同的魅力

在辩论中，要想取得高分，就要以新论点吸引关注，赢得好评。近些年来，越来越多的人认识到创新的重要性，却很少有人把创新作为一种能够通过练习获得的能力看待。大多数人都认为创新是与生俱来的能力，无法通过后天的练习习得。这显然是对创新的错误理解。其实，创新源于观察，我们只需要坚持做好简单的事情，并且遵照简单的步骤，就能够整合出创新的、条理清晰的论点，给人以耳目一新的感觉。

辩论的语言

把握新主题，融入新背景

创新最简单的方式，就是以新的数据对现有的理论进行阐释。正是借助于这种方式，很多优秀的学者开创出崭新的领域，也因此而从默默无闻变得家喻户晓。看上去，这种方式很简单。真正做起来，这种方式大有奥妙。我们可以细致划分整个过程，拆解为新主题、新比较和新背景三个步骤。

说起新主题，很多朋友都不知道该如何获得新主题。这就好比是作家在创作时灵感枯竭，哪怕绞尽脑汁也无法想出吸引人的内容，因而只好悻悻然放下纸笔。而在有灵感的状态下，作家们则能够做到下笔如有神。提出新主题，也需要把握灵感。在很多情况下，我们可能挖空心思才能想出新主题，却也有可能在不经意之间脑中灵光一闪，茅塞顿开。一般情况下，我们会在自己感兴趣的领域发现新主题，也会在带着问题阅读的时候突然想到新主题。当然，在那些我们深入且广泛钻研的领域中，即使没有兴趣加持，也没有坚持阅读，我们依然有可能发现新主题。与此恰恰相反的是，如果我们在某些领域的钻研面很狭窄，又因为钻研太深而导致出现局限，则我们发现新主题的可能性就会大大降低。

古诗云，不识庐山真面目，只缘身在此山中。有的时候，越是置身事内，我们越是看不到事情的全貌，并且会导致思考受到局限。在这种情况下，我们不妨暂时放下手里的任务，退后一步，从而从更广阔的视角进行观察。在此过程中，我们无须追求提出高深莫测的问题，只要坚持询问自己基本的问题，就有可能触及新主题。所谓基本问题，即我还可以运用该理论解释什么问题，我在这个领域中还能探索哪些问题，我如果把该理论与兴趣结合起来又能如何阐述等。

毫无疑问，这些问题的答案是很宽泛的，尽管作用不大，却能启迪我们的思维，帮助我们消除各种条条框框的限制。由此，我们才能触及实质性的新主题，从而把新主题发展成为新颖的论点。新论点最好是某个活动领域此前没有被深入探讨过的，也是属于全新类型的。从这个角度来说，我们要尽量避开那些属于已有类型的主题。

例如，说起留守儿童问题，很多人第一时间就想到留守儿童缺乏父母的陪伴，是社会问题，因而轻而易举就能找到很多的相关资料，作为辩论的材料使用。但是，这无疑是老生常谈。如果能够从最近几年流行的原生家庭角度观察和分析留守儿童问题，那么就能提出很多创新的主题，例如孩子是从原生家庭中学习人际交往的，孩子缺乏父母的陪伴对于性格养成的影响等。如果作者掌握了充足的心理学知识，那么把留守儿童问题与原生家庭问题结合起来，还将提出更多更新的论点。

有些主题还不曾被深入挖掘，并且能够引申出很多新的问题，这就像是一个搞勘探的人发现了储藏量很大的矿藏，无疑是令人惊喜的。当然，这么做面临的最大困难就是很难搜集相关资料，因为相关的领域还是处女地。

要想让主题更有新意，坚持跨学科、跨领域地钻研某些问题是卓有成效的。例如，有一位西方国家的女孩来到中国留学，在中国读书期间她领略了中国美食，最终她决定从事撰写美食文章的工作。如此一来，原本在作家领域和美食领域都不那么出彩的她，凭着错位发展，成为最懂美食的作家，也成为最擅长创作的美食家。

所谓创意，并不要求我们彻底摒弃传统，而是要把传统与创新相结合。在特定的领域中，当我们改变诸多比较因素中的某个、某些因素，就能让主题拥有创意。无论是撰写学术论文，还是进行辩论，创新都是必不可少的。

第八章 辩论口才，助力你彰显与众不同的魅力

辩论要出其不意，攻其不备

《孙子兵法》云："出其不意，攻其不备。"这句话告诉我们，要想赢得胜利，就要攻打敌人毫无防备的薄弱之处，这才会让敌人措手不及，溃不成军。换一个角度来看，作为防守的一方，则要时时刻刻保持警惕，才能避免被对手钻空子。

春秋时期，鲁国干涉齐国内政，阻碍齐国国君继位，所以齐桓公始终记恨鲁国。为了报仇，齐桓公派兵攻打鲁国，还能趁机扩大齐国的疆域。看到齐国来势汹汹，鲁庄公调集全国的兵力抵御齐国的进攻，然而，和强大的齐国相比，鲁国还是太弱小了。大家都认为鲁国必败无疑，却没想到鲁国最终在长勺扭转了局势，反败为胜。

原来，鲁庄公自知鲁国不是齐国的对手，因而始终没有以卵击石，而是避开齐国的主力，退守长勺。长勺地形奇特，很适合进行反攻。齐军在此前的进攻中总是能够轻易得胜，因而很鄙视鲁军，认为鲁军已经是强弩之末了。所以，他们丝毫

辩论的语言

不忌惮鲁军抢先一步退抵长勺，只是漫不经心地调整了阵型，就对鲁军发起进攻。令人奇怪的是，鲁军只是采取防守，而并不出兵迎战。几次冲锋之后，齐军都没有机会与鲁军对战，也没有机会攻入鲁军的阵地。渐渐地，原本士气高涨的齐军开始军心动摇，士气低落。鲁庄公瞅准这个时机，亲自擂响战鼓，下达了进攻齐军的命令。这一次交战，齐军军心被打乱，鲁军一鼓作气，最终打败了齐军。最终，齐国不得不与鲁国讲和。

其实，鲁庄公之所以能在兵力悬殊和局势不利的情况下反败为胜，就是因为他深知出其不意，攻其不备的重要性。他先是以后退保存实力，继而占据长勺易守难攻的有利地形，消耗齐军的实力，动摇齐军的军心，最终趁齐军军心涣散之际擂响战鼓，发起了大冲锋的命令。

汉朝时期，项羽分封，各诸侯回到自己的国家，开始励精图治。汉王刘邦原本拥有十万兵马，却因此遭到项羽的嫉妒，被其夺走了七万兵马。因此，刘邦只剩下三万兵马来到汉中。对此，刘邦并没有耿耿于怀，而是坦然处之。很多将士都敬仰刘邦，因而偷偷追随刘邦一起来到汉中。

原本，韩王成命令张良护送刘邦去关中，跟随刘邦一起

第八章 辩论口才，助力你彰显与众不同的魅力

入汉中，不想，项羽故意命令张良回韩国，辅佐韩王成。张良深知刘邦心胸博大，将来必然能够一统天下，因而决定不遗余力地帮助刘邦。这么想来，他向韩王成请假，特意护送刘邦抵达汉中观察下山川的地形，自己则去了苞谷口观察地形。在听了张良的分析后，刘邦采纳了张良的建议，烧毁了栈道，这样既能避免外敌入侵，又能消除项羽的疑心。果不其然，后来，刘邦假装修复栈道，使章邯受到迷惑，一直守在栈道旁边。暗地里，他却派出韩信率领十万大军从陈仓进入关中平原，打得章邯仓促应战，措手不及，溃不成军。

在这个历史故事中，"出其不意，攻其不备"的机会是刘邦创造出来的。原本，项羽派出章邯监督刘邦的一举一动，却没想到刘邦明修栈道，暗度陈仓，迷惑了章邯，最终大获全胜。其实，不管是在战场上与敌人厮杀，还是在辩论场上与对手唇枪舌剑，出其不意，攻其不备都是至关重要的。

在辩论中，要想做到出其不意，攻其不备，就要做到以下几点。

首先，可以采取突袭的方法。所谓突袭，本质上是一种战术行动，主要凭借快速的行动打得敌人措手不及，无法应对。由此一来，己方就可以观察敌人，发现敌人致命的弱点和

漏洞，从而趁着混乱一招制胜。突袭的目的就是在极其短暂的时间里采用有杀伤力的招式，使对手丧失战斗力，瞬间呈现败势。在辩论中，突袭就是突然提起对方毫无准备的话题，或者从对方没有考虑过的角度切入进行阐述等。

其次，采取伏击的方式，让对方陷入混乱。所谓伏击，就是预先设置埋伏，然后请君入瓮，打得对方无从招架。如果说在战争中设置埋伏可以预先布置兵力，或者是如同《地雷战》中那样提前埋好地雷，那么在辩论中伏击则是要预先设置陷阱，然后引诱对方毫无觉察地进入陷阱。

再次，采取佯攻的方式，让对方来不及调转枪口。在很多辩论中，我们看似在与对方争辩某个观点，实际上是在为突然提出另一个观点做准备和铺垫。为了扰乱对方的思路，我们还可以采取佯攻，从而转移对方的注意力，这使对方完全想不到我们的真实意图，自然会被我们的语言炮弹攻击得无处躲藏。

最后，施放烟幕弹。不管是在战争中，还是在辩论中，施放烟幕弹以混淆视听都是很有必要的。

除了上述各种方法外，我们还可以根据辩论的发展与推进，以及对手的具体表现及时调整辩论的思路，改变辩论的方法。不管采取怎样的方式迷惑对方，只要能让对方消除戒备，被打击得无从招架，就是好的辩论方法与技巧。

思辨，是辩论不可缺少的精神

《中庸》记载："博学之，审问之，慎思之，明辨之，笃行之。"这句话告诉我们，思辨是非常重要的。思辨属于哲学领域和范畴，世界上的万物都要经过辨识，才能被明确区别和找出差异，世界上的万事都要以辩证的眼光看待，才能确定不同事物之间的关系。但是，每个人都是不同的，所具备的思辨能力也是不同的。因此，世界上的人们总是因为不同的事物而争论不休，也许我们才刚刚澄清了某个问题，马上又会陷入新问题的辩论漩涡中。换言之，正是因为人类始终在认识事物和创造事物，所以人类才会不断地向前发展，人类社会也才能够坚持进步。

思辨能力，就是思考和辨析的能力。所谓思考，就是指分析、判断和推理等思维活动；所谓辨析，就是指辨别与分析事物的相关情况、事物所属的类别和事物蕴含的道理等。

明辨要以分析作为前提和基础，完全不同于简单地堆叠信息。一个人凭着超强的记忆力掌握了很多知识，如果不能对知识加以运用，那么充其量只能称作是知识的仓库。反之，那些拥有思辨能力的人，则能够充分运用自己所学习和掌握的知识，致力于解决问题。简而言之，思辨能力既要分析、评估和推理事物，也要形成相关的结论或者决策，用以解决问题。

在辩论中，唯有具有思辨能力，才能形成独到的见解，也才能与他人交流看法，达成共识。

重视他人未曾说的

在现实生活中,真正高明的人会更看重他人未曾表达的内容,因为那可能是他们真正想要表达的内容。至于他们说出来的内容,可能是幌子,也可能被修饰过。把握这一点,我们才能获得启发,也才有可能赢得辩论。

在学术争辩中,有经验的学者总是特别重视倾听缺失的信息,也特别重视没有明确表达的假设,还特别重视边缘化的事实。只有把握上述三方面重要的内容,我们才能找到新的领域,发现实质性的新论题。

一般情况下,重视他人未曾说的,指的是我们既要重视批判,对他人的话怀有质疑精神,也要重视新的研究形式,知道这是推动创新的关键。当我们从这两个方面发现了全新的主题,并且对该主题加以处理后,那么我们就能运用这两个方面推动创新。

在一场大学生辩论赛中,针对"应届大学毕业生择业要以个人专长为首要标准"这个论题,两所大学的辩论队展开了唇枪舌剑。

甲大学(正方):"大学生择业的首要标准是社会标准,因为国家供给我们衣食住行,为我们提供良好的条件接受教育,所以我们要以报效国家为先。"

乙大学(反方):"大学生择业是主观行为。我方认为,与其盲目地以社会标准择业,不如找准自己的位置,发挥自己的所长,这样才能如同螺丝钉一样实现自身的价值。在社会生活中,如果人人都以社会标准择业,那么整个社会一定会彻底乱套。社会生活之所以井然有序,正是因为每个人都坚持实现自身的价值,做好自己该做的事情,各司其职,所以才能实现个人价值最大化,也为社会生活贡献出最大的力量。"

因为乙大学从甲大学的立论中听出甲大学未曾说出口的意思,即遵从社会标准就会忽视个人需要和价值实现,于是作出了有力的反驳。

通过重视他人所没说的,我们能够让辩论更加出彩。要想做到这一点,首先要坚持思维创新。只有思维创新,才能从相同的主题中发掘出新意,也才能从不同的侧面认识主题,由此提出与众不同的观点。其次,要坚持语言创新。最后,要坚持以创新的方式交流思想。辩论首先是展示与交流思想的活动，其次是竞技性活动。正是在思想的融会贯通中，我们明确表达了自己的思想和观点，也留下了空白给对方去揣摩。与此同时，我们必须能够揣摩对方的思想和观点，才能抢先于对方一步，占据辩论的先机。

切勿进行人身攻击

所谓人身攻击，仅从字面来理解，指的是诉诸人身。通常情况下，人身攻击是贬义词，指的是通过持有某种主张的人的道德品质，以达到反驳其主张、思想或者观点的作用。毋庸置疑，人身攻击是不可取的，也是错误的。尤其是在辩论中，对与自身观点不同的人进行人身攻击，则更是下下策。

举例而言，面对一个想要证明 1+1=2 的骗子，我们不能指责对方做出了很多欺骗他人的行为，或者是曾经伤害过他人，就认定他想要证明的是错误的。事实是，不管骗子做出了多少令人憎恶的行为，他想要证明的 1+1=2 的正确性丝毫不会受到影响，是完全符合逻辑的，也是真实的。因此，我们要学会把正确的论点与提出论点者的品行分开来看。否则，很容易就会陷入人身攻击的误区中，给他人造成伤害。

一般情况下，学术评论都是对事不对人的，正因如此，很多在学术领域提出不同观点和见解的学者，虽然一方面在公开的平台上进行辩论，另一方面却在私底下是朋友，或者是同事。如今，在职场上，很多同事之间因为对某些决策持有不同的态度而在会议中争得面红耳赤，但是他们很明确决策讨论与人身攻击是有着本质不同的，也能坚持守护界限，绝不把各种争辩演变为人身攻击。

遗憾的是，现实生活中，人身攻击并不少见，尤其是在鱼龙混杂、消息铺天盖地而来的媒体上。需要注意的是，人身攻击的方式多种多样，其中很多方式具有极强的隐匿性。只有那些毫不掩饰的人身攻击会被轻而易举地识别出来，并且遭到指责。相比之下，那些形式隐晦的人身攻击则藏匿很深，不容易被识别，自然也就躲过了严厉的遣责。

通常，人身攻击有两种常见的伪装方式。第一种方式，明确某个人从未想过且不能接受的可能性，以此对其坚持某种立场的承诺进行测试。第二种方式，提出与明确矛盾相关的论点，这些论点必须存在于某个人明确表达的立场中，或者存在于某个人明确表达的立场与他们实际实施的行动之间。显而易见，如果把上述列举的例子套用第二种伪装，那么当骗子不再论证 1+1=2，而是论证"欺骗他人是错误的行为"，那么骗子就会被指责虚伪。

对于骗子而言，哪怕不骗人他就会失去生命，也依然有人想要验证骗子是否真的始终认为欺骗他人是错误的行为。显

辩论的语言

然，不管从哪个角度做出让步或者表示妥协，骗子都会失去原本的立场。

在口头辩论中，经常会发生语义欺骗的情况。在理性状态下，在没有任何干扰的情况下，人们原本会坚持自己的立场，而一旦发生语义欺骗，人们就会做出让步。这样的做法直接导致人们怀疑不同形式的人身攻击论证性。为了避免这种情况出现，我们必须慎重使用人身攻击，甚至只将其限定为批评术语加以运用。尤其是对于那些专业的辩论者而言，如果不想白白浪费自己的时间和精力，导致辩论失败，那么就不要轻易尝试以人身攻击的方式进行辩论。

还有人认为，在辩论中进行人身攻击，涉嫌过度反应。不可否认的是，人是主观动物，很多人都会受到主观见解的影响，对一些人和事情带有先入为主的偏见，这是无法完全避免的。例如，当我们预先得知某个人罪大恶极，那么我们就会看对方不顺眼，或者想方设法刁难对方，揭露对方的虚伪假面，让对方表现出真实的模样等。在这种情况下，哪怕对方只是被误传罪大恶极，或者做出极大的努力试图改变给我们的印象，我们也不愿意给对方机会洗白。所谓一叶障目，不见泰山，就是如此。

要想避免人身攻击，就要只针对问题本身，而不要针对人。孔子曾经说过，伯夷和叔齐对待恶人只憎恨恶，而不憎恨人，只憎恨邪恶的事物，而不憎恨人。正因如此，他们才不会遭人嫉恨。即便对于现代人而言，这种品质也是难能可贵的。拥有这种品质，我们才能以更加宽容的心态接纳世界上的人和事情，也才能处理好人生中的各种境遇。

参考文献

[1] 滕龙江. 辩论技法与辩论口才 [M]. 昆明：云南人民出版社，2020.

[2] 博尼特. 学会辩论：让你的观点站得住脚 [M]. 3 版. 魏学明，译. 北京：中国人民大学出版社，2018.

[3] 殷亚敏. 练好口才的第一本书：进阶训练版 [M]. 长沙：湖南文艺出版社，2020.

[4] 郭华. 口才表达与沟通智慧 [M]. 北京：中国书籍出版社，2022.